Die Straßen in Clausthal–Zellerfeld–Buntenbock

Die Straßen
in Clausthal−Zellerfeld−Buntenbock
einschließlich der Außenbezirke
früher und heute

Namen − Bilder − Erläuterungen

128 Abbildungen

Clausthal-Zellerfeld 1983

CIP-Kurztitelaufnahme der Deutschen Bibliothek

Die Straßen in Clausthal—Zellerfeld—Buntenbock früher und heute:
Namen — Bilder — Erl. / [hrsg. von d. Bergstadt Clausthal-Zellerfeld. Zsgest. von Friedrich Seidel]. — Clausthal-Zellerfeld: Pieper, 1983.
ISBN 3-923 605-00-5
NE: Seidel, Friedrich [Hrsg.]; Clausthal-Zellerfeld

Titelbild: Die Adolf-Römer-Straße (Barke)

1983
Dieses Buch wurde herausgegeben von der Bergstadt Clausthal-Zellerfeld, zusammengestellt von Friedrich Seidel.
Fotos und Reproduktionen: R. Barke, Archiv P. Biegholdt, W. Böttcher, Fr. Gärtner, O. Heß, W. Hildebrandt, A. Humm, J. Janke, K. Lauhoff, H. Meier-Cortés, P. Sandberg, H. Schliephake, Archiv Fr. Seidel, A. Wiese, H. Zirkler, W. Zirkler. Luftaufnahmen freigegeben vom Regierungspräsidenten Braunschweig, Freigabe-Nr. 35/34/364.
Verlag: Ed. Piepersche Druckerei und Verlagsanstalt, Clausthal-Zellerfeld für die Bergstadt Clausthal-Zellerfeld.
Satz, Druck und Lithographien: Ed. Piepersche Druckerei, Clausthal-Zellerfeld.
Bindearbeit: Hubert & Co., Göttingen.
Alle Rechte vorbehalten.
Printed in W.-Germany.

Zum Geleit Die Festschrift der Bergstadt Clausthal-Zellerfeld zur 450-Jahrfeier hat eine so starke Resonanz gefunden, daß sie inzwischen fast vergriffen ist. Das machte der Bergstadt Mut, nun eine weitere Schrift herauszugeben. Sie beschäftigt sich mit den Namen der Straßen, Wege und Plätze in den Stadtteilen Clausthal, Zellerfeld und Buntenbock sowie den Bezeichnungen der Außenbezirke.

Dieses Buch ist eine wahre Fundgrube vieler wissenswerter Einzelheiten über die Jahrhunderte hinweg von der Besiedlung des Harzes bis in die heutige Zeit. Nicht nur die Erläuterung und die Entstehungsgeschichte der Straßennamen, auch die Jahreszahlen und die Veränderungen ihrer Benennung, die Lebensbilder der Persönlichkeiten, nach denen die Straßen benannt wurden, die oftmals so treffenden Volksmund-Bezeichnungen und vor allem die vielen Bilder aus alter und neuer Zeit versprechen auch diesmal wieder eine interessante Lektüre.

Die Ortspläne der Stadtteile zeigen, wo die betreffende Straße liegt, das Inhaltsverzeichnis gibt die Lage in den verschiedenen Stadtteilen oder den Außenbezirken an und verweist auf die Seitenzahlen, so daß man sich ohne Schwierigkeiten orientieren kann. Wenn auch in einigen Fällen der Ursprung des Namens oder das Jahr der Namensgebung leider nicht mehr festzustellen waren, so schmälert das den Wert der Schrift in keiner Weise.

Die heutigen offiziellen Straßennamen wurden nach dem „Schlüsselverzeichnis der Bergstadt Clausthal-Zellerfeld" zusammengestellt, das bei unserem Ordnungsamt geführt wird. Die Benennungen von Straßen und Gassen durch den Volksmund haben sich häufig geän-

dert und andererseits auch wiederholt. Sie könnten sicherlich von Fall zu Fall auch noch vervollständigt werden, wie überhaupt die Bergstadt für Ergänzungen, Erläuterungen und ggf. Berichtigungen dankbar ist.

Idee und Verwirklichung dieser Schrift verdanken wir Herrn Friedrich Seidel, Clausthal-Zellerfeld, Ampferweg 8, der in fast vierjähriger mühevoller Kleinarbeit all die Einzelheiten zusammengetragen und zu diesem Buch vereinigt hat, der aus seinem reichhaltigen Archiv viele interessante Bilder auswählte und nie müde wurde, das Werk weiterzuführen und zu vollenden.

Dank gilt auch den Heimatfreunden, die ihm mit Rat und Tat zu Seite standen, die viele noch nicht bekannte Einzelheiten mitteilten und so ebenfalls zum Gelingen beitrugen.

Der Erlös auch dieser Schrift soll — wie schon bei der Festschrift zur 450-Jahrfeier — zum Bau eines Wasserrades mit Feldgestänge unterhalb des Carler Teiches verwendet werden. Dieses Denkmal alter Harzer Bergbautradition wird nur aus Spenden finanziert und in freiwilliger Arbeit von den Idealisten des Technischen Hilfswerks Clausthal-Zellerfeld errichtet. So wird dieses Buch in mehrfacher Hinsicht dazu beitragen, wertvolles Erbe der Vergangenheit zu bewahren.

Unsere guten Wünsche begleiten das Buch auf seinem Wege, allen Lesern gilt ein herzliches ,,Glückauf!"

BERGSTADT CLAUSTHAL-ZELLERFELD

(K. Harre)
Bürgermeister

(W. Mönkemeyer)
Stadtdirektor

Adolf-Ey-Straße (1929)

Im östlichen Clausthal Anschlußstraße von der Altenauer Straße zur Breslauer Straße.
Benannt zu Ehren von Adolf E y , geboren 18. 1. 1844 in Clausthal, verstorben 18. 9. 1934 in Hannover.
Adolf Ey, Sohn des Stadtkämmerers Ludwig Ey, studierte in Göttingen Theologie und moderne Philologie und lehrte später als Professor am Goethe-Gymnasium in Hannover.
Adolf Ey war ein humorvoller Schriftsteller und Dichter, der in seinen Werken meistens seine Oberharzer Heimat behandelt, wie beispielsweise ,,Gedichte eines Großvaters", ,,Bekenntnisse eines alten Schulmeisters", ,,Harzer Blut", ,,Hübich" und ,,Prinzeß Ilse".
An der Adolf-Ey-Straße liegt der ,,August-Tiemann-Sportplatz" (Turn- und Sportgemeinde von 1849 Clausthal-Zellerfeld) und die Bildungsstätte der Sportjugend im Landessportbund Niedersachsen.

Adolf-Römer-Straße (1928)

Hauptstraße in Clausthal, hieß vor 1928 Goslarsche Straße, im Volksmund ,,de Gos" und später ,,Rö" genannt. Umbenennung, weil Straße gleichen Namens in Zellerfeld.
1928 umbenannt zu Ehren von Bergrat Friedrich Adolph R o e m e r , geboren 14. 4. 1809 in Hildesheim, verstorben 25. 11. 1869 in Clausthal.
Friedrich Adolph Roemer war 1843 Assessor am Berg- und Forstamt in Clausthal, 1846 Lehrer für Mineralogie und Geologie an der Bergschule Clausthal. 1853 erhielt er die Direktion der Anstalt, die man unter seiner Leitung im Jahr 1864 zur Bergakademie erhob.
Friedrich Adolph Roemer wurde 1862 zum Bergrat ernannt und trat 1867 in den Ruhestand.
Das Denkmal zwischen der Marktkirche in Clausthal und dem Hauptgebäude der Technischen Universität haben ihm 1882 seine dankbaren Schüler setzen lassen.
An der Adolf-Römer-Straße liegt das Hauptgebäude der Universität. 1966 wurde die Bergakademie Clausthal Technische Hochschule und ab 1968 Technische Universität.
Die erste Bebauung der oberen Adolf-Römer-Straße (früher Goslarsche Straße) erfolgte in den Jahren von 1634 bis 1650.

Agricolastraße (1964)

Im östlichen Clausthal, Neubau- und Hochschulgebiet ,,Am Feldgraben".
Straßenbenennung zu Ehren von Georg A g r i c o l a , geboren 24. 3. 1494 in Glauchau, verstorben 21. 11. 1555 in Chemnitz.
Georg Agricola schrieb als Bergarzt das erste wissenschaftliche Werk über die Techniken des Bergbau- und Eisenhüttenwesens. Er ist der Begründer der Gesteins- und Bergbaukunde.
Die vielen Gräben in unserer näheren Umgebung zeigen noch heute eindringlich, wie sehr man um Zufluß und volle Teiche bemüht war. Dazu gehörte auch der Feldgraben mit Zufluß in den Mittleren Pfauenteich. Auf dem Gelände am Feldgraben ist ab 1960 mit den Arbeiten für ein neues Hochschulgebiet begonnen worden.

Adolf Ey

Adolf-Römer-Straße mit Kurrende, um 1936.

Goslarsche Straße (jetzt Adolf-Römer-Straße), um 1900.

Adolph Roemer.   *Georg Agricola.*

*Der Feldgraben 1959.
Im Hintergrund
das alte Gerätehaus
der Feuerwehr Clausthal,
abgerissen 1962.*

Neubaugebiet „Am Feldgraben", 1978.

Neubaugebiet „Kleine Höhe", 1981. Im Vordergrund das Altersheim „Klosterhof".

Altenauer Straße und ehemaliges Zechenhaus der Grube „Englische Treue", um 1960.

Ahornweg (1961)
Im westlichen Zellerfeld, Neubaugebiet „Kleine Höhe", Verbindungsstraße vom Ebereschenweg zur Zellerfelder Talstraße.
Ahornweg = Motivgruppe der Bäume.

Altenauer Straße (1929)
Ortsteil Clausthal, bei der Kreuzung Am Klepperberg/Am Galgensberg Anschlußstraße an die Bauhofstraße in Richtung Altenau.
Die Straße wurde um 1857 ausgebaut.
An der Altenauer Straße lag vor einigen Jahrzehnten die „Lohmühle" (jetzt Grundstück Am Klepperberg 12), die zur Steffen'schen Lohgerberei gehörte. Das „Schinderloch" befand sich gegenüber den Grundstücken Wüstmann/Gebhardt (Nr. 1 und 3). Später kam die Abdeckerei in die Gegend vor der Flambacher Mühle („Schindanger").
An der Altenauer Straße (Ortsausgang) lag die Oberharzer Waldbühne, Aufführungen von 1932 bis 1958, und nahe den Pfauenteichen, etwa um Mitte der dreißiger Jahre bis 1945, der Rüstungsbetrieb „Werk Tanne".
Im Gebäude Nr. 55 ist die Jugendherberge untergebracht.

Ampferweg (1981)
Neubaugebiet „Eschenbacher Teiche", Verbindung zum Arnikaweg.
Ampferweg = Motivgruppe der Pflanzen.

Am Anger
Ehemals unbebauter freier Platz (Dorf-Anger) bei den Stadtwerken zwischen Robert-Koch-Straße und Bauhofstraße in Clausthal.
In der Umgebung des Platzes war früher ein reger Bergbaubetrieb. Hier befand sich auch die „Josuaer Bergschmiede", in der Eisen und Bohrer für die Bergleute geschärft und anderes Eisenwerkzeug wie Beschläge für die Fördertonnen, Förderkübel und Karren hergestellt wurden.
Bis zum Jahr 1710 wurden hier auch die mit dem Schützenfest verbundenen Jahrmärkte abgehalten. Das Clausthaler Schützenhaus lag an der damaligen Schützenstraße, heute Kurze Straße. Auf dem Illingschen Riß von 1661 ist es eingezeichnet.
Am Anger fanden zahlreiche Schaustellungen statt, noch 1912 zeigten hier Seiltänzer ihre artistische Kunst, und auch der Zirkus war eine beliebte Abwechslung.

Amt Schleiwecke, die kleine Harzeburg
So nennt der Volksmund die Gegend westlich der ehemaligen Bergbrauerei Zellerfeld.
Vielleicht war hier eine kleine Befestigungsanlage, die Thomas Merten 1626 zur Verteidigung gegen Tillys Truppen ausbauen ließ?

An den Abtshöfen (1962)
Die Straße An den Abtshöfen liegt im östlichen Zellerfeld, ein Straßenteil hieß ab 1929 auch Abtshöfer Weg. Verbindung zum Pulverweg.

In den Abtshöfen (überliefert)
Bauerngehöfte in der Wiesenflur östlich von Zellerfeld.
Die „Abtshöfe" als Wiesenflur weisen mit ihrem Namen auf das Benediktiner-Kloster St. Matthias hin, zu dessen Besitz sie gehörten. In mittelalterlichen Urkunden tritt der Flurname nicht

Alte Bergmannshäuser am unteren Zellweg, um 1935. Volksmundlich Amt Schleiwecke, die Kleine Harzeburg.

An den Abtshöfen, 1963.

auf, sondern erst um 1543. Die Bezeichnung ,,-höfe" kommt von ,,-hufen", einem mittelalterlichen Flächenmaß. Vier Hufe bildeten die Fläche, welche die wirtschaftliche Grundlage eines Gutes garantieren konnte.

1208 wird das Kloster St. Matthias in Cella (Bach Tzella-Zellbach) erstmalig in einer Urkunde erwähnt. Das Gründungsjahr ist um 1200 anzunehmen. Das Kloster ist im Harzvorland reich begütert gewesen und seine Äbte haben besonderes Ansehen genossen. Es ist umstritten, ob die Benediktiner Mönche mit dem damaligen Bergbau eng verbunden gewesen sind. Neben der seelsorgerischen Betreuung der Bergleute waren die fleißigen Mönche bemüht, ausgedehnte Wiesenflächen zu schaffen, um die Grundlagen für die Weidewirtschaft zu verbessern.

Die Benediktinerabtei St. Matthias löste man 1432 auf, weil die Mönche sie seit Jahren verlassen hatten und die Gebäude immer mehr verfielen.

Die Lage des Klosters wird in der Nähe der Grundschule Zellerfeld und der ehemaligen Bergbrauerei Zellerfeld vermutet.

Andreasberger Straße (1921)

Straße im Ortsteil Clausthal, vom Rollplatz in Richtung St. Andreasberg führend.
Früher ,,Trift" (Kuhtrift) genannt, zeitweise postalisch mit zur Buntenböcker Straße gehörend. In den zwanziger Jahren des 19. Jahrhunderts begann man verstärkt, die vorhandenen Fahrstraßen des Oberharzes, die sich teilweise in einem sehr schlechten Zustand befanden, auszubauen. Nach dem Ausbau der Nord-Süd-Straße Goslar–Zellerfeld–Clausthal–Osterode wurde am Ortsrand von Clausthal ab 1827 eine Chaussee nach Osten abgezweigt und bis St. Andreasberg ausgebaut. Die breite ,,Trift" wurde dabei erheblich verengt.

Apothekergasse

Apothekergasse nannte früher der Clausthaler Volksmund den unteren Teil der Sägemüllerstraße zur Rollstraße hin. So genannt nach der Ratsapotheke Clausthal, die sich von 1638 bis 1958 an dieser Ecke befand.

Arnikaweg (1981)

Neubaugebiet ,,Eschenbacher Teiche". Verbindung zum Ampferweg und zur Straße An den Eschenbacher Teichen.
Arnikaweg = Motivgruppe der Pflanzen.

Arnold-Sommerfeld-Straße (1975)

Im östlichen Clausthal, Neubau- und Hochschulgebiet ,,Am Feldgraben".
Straßenbenennung zu Ehren von Professor Dr. Arnold S o m m e r f e l d , geboren 5. 12. 1868 in Königsberg, gestorben 26. 4. 1951 in München.
Professor Dr. Sommerfeld war ein bedeutender theoretischer Physiker. Drei Jahre (von 1897 bis 1900) lehrte er als Professor für Mathematik an der Bergakademie Clausthal. Ab 1906 Professor für theoretische Physik an der Universität München. Aus seiner Schule kamen so hervorragende Wissenschaftler wie Heisenberg und Pauli.

Professor Dr. Arnold Sommerfeld.

Andreasberger Straße, um 1930.

Aulastraße (1928)

Straße in Clausthal, von der Straßengabelung Erzstraße/Burgstätter Straße zur Aula der Technischen Universität führend.
Die Aulastraße wurde nach dem Bau des Aulagebäudes (einschließlich Turnhalle und Schwimmhalle) 1928/29 angelegt.
In den Jahren von 1938 bis 1945 auch Langemarckstraße benannt.

Bäckerstraße (überliefert)

Im Ortsteil Zellerfeld Parallelstraße zwischen Spiegelthaler Straße und Bornhardtstraße.
Die erst nach 1673 entstandene Bäckerstraße ist vermutlich nach einer Bäckerei benannt. Genaues ist nicht bekannt.

Baderstraße (überliefert)

Straße beim Oberbergamt in Clausthal, Verbindungsstraße zwischen Adolf-Römer-Straße und Sorge.
Die Baderstraße ist nach Heilgehilfen benannt, die hier wohnten und die damals allgemein als Bader bezeichnet worden sind. In einem Haus soll seinerzeit eine Art Apotheke gewesen sein, in der die Bader, Bergbarbiere und Bergchirurgen, die sich gleichfalls der Heilkunde widmeten, ihre Heilmittel, Pflaster usw. verkauften. Auch eine Badestube für höhere Berg- und Stadtbeamte soll sich dort befunden haben.
Bebauung der Baderstraße nach Bränden von 1634 bis 1661.

Bahnhofstraße (nach 1877)

Die Bahnhofstraße führt vom Zellbach zum ehemaligen Hauptbahnhof Clausthal-Zellerfeld.
1877 Bau der Eisenbahn Langelsheim–Clausthal-Zellerfeld abgeschlossen (Baubeginn 1874), 1914 weiter bis Altenau verlängert. 1976 Bahnlinie Langelsheim–Altenau eingestellt.
Im ehemaligen Bahnhofsgebäude sind ab 1982 die Stadtbibliothek sowie die Kurgeschäftsstelle mit Lese- und Schreibräumen untergebracht.

Barrenscheengasse

In Clausthal volksmundliche Bezeichnung für das Straßenstück zwischen Sägemüllerstraße und Osteröder Straße in Verlängerung Großer Bruch.
So benannt nach einem Kolonialwarenhändler mit Namen Barrenscheen, der im Eckhaus Sägemüllerstraße 20 ein Geschäft hatte. Als Barrenscheen um die Jahrhundertwende verstarb, ging das Geschäft 1902 auf seinen Nachfolger namens Blume über. Von da ab hieß die Straße auch Blumegasse. Eine solche Umbenennung einer Straße oder Gasse durch den Volksmund hat sich häufig wiederholt.

Bartelsstraße (überliefert)

Im Ortsteil Clausthal Verbindungsstraße von der unteren Osteröder Straße zur Sägemüllerstraße.
Die Bartelsstraße, so wird vermutet, ist nach einem Anwohner Bartels benannt, der um das Jahr 1700 dort wohnte.
Die Familien Bartels waren früher im Harz sehr bekannt und werden bereits vor 1618 besonders im Zusammenhang mit der Eisenverhüttung erwähnt. In Clausthal sind die Bartels auch unter den Bergbeamten vertreten.
An der Bartelsstraße lag von 1828 bis 1832 die erste „Höhere Töchterschule" der Bergstadt Clausthal.

Aulastraße, um 1935.

Baderstraße, um 1910.

Ehemaliges Bahnhofsgebäude, um 1914.

Bergfest 1914 (Bergfestplatz an der Altenauer Straße).

Im Hintergrund die Bergstraße. Im Vordergrund die Tagesförderbahn vom Wilhelm-Schacht zum Ottiliae-Schacht, um 1900.

Alte Bergmannshäuser an der Bergstraße, um 1924.

Bauhofstraße (überliefert)

In Clausthal führt die Bauhofstraße, vom unteren Zellbach ausgehend, bis zur Kreuzung Am Galgensberg/Am Klepperberg.
Gegenüber der Abzweigung Robert-Koch-Straße befanden sich die Betriebsgebäude des ehemaligen Bauhofs, einer staatlichen Maschinen-Werkstätte zur Konstruktion, Herstellung und Reparatur von Maschinen für Gruben, Aufbereitungen und Hüttenwerke.
Seit Ende des 19. Jahrhunderts wurde der Werkstattbetrieb auf eine königliche Zentralschmiede beschränkt, die bis 1930 arbeitete.
Heute ist auf dem Gelände der Städtische Bauhof untergebracht. Im Gebäude Bauhofstraße 19 befindet sich eine Nebenstelle des Arbeitsamtes Goslar.

Bergfestplatz (überliefert)

Auf dem Haldengelände an der Altenauer Straße, östlich von Clausthal und unterhalb vom Unteren Pfauenteich, befand sich bis 1906 die ,,Dorotheer Erzwäsche". Nach dem Abbruch der Erzwäsche wurden auf dem Platz bis 1914 die Bergfeste gefeiert.
Heute ist dort ein schönes Wohngebiet.

Bergstraße (überliefert)

Die Bergstraße ist des Ortsteiles Zellerfeld längste Straße. Sie verläuft von der Straße Hoher Weg bis zum Fußweg entlang des Eulenspiegler Teiches.
Die an der rechten Seite der unteren Bergstraße stehenden Häuser sind vermutlich bei den Brandkatastrophen von 1672 und 1737 teilweise nicht betroffen worden. Sie gehörten mit zu den ältesten Ansiedlungen in der Nähe der Grube ,,Treue". Der Volksmund hat aus diesem Straßenteil die ,,Zippelrocksgaß" gemacht, was wohl als Zipfel am Rock oder Anhängsel an eine Straße zu deuten ist.
Die beim Brand 1672 verschont gebliebenen Häuser an der oberen Bergstraße und Treuerstraße ließen sich nicht im neuen Bauplan einordnen, den Markscheider Reinerding 1673 aufstellte. Auf den alten Rissen wurde dieser Stadtteil als die ,,Neustadt" bezeichnet. Die Häuser sind aber 1737 sämtlich abgebrannt, so daß dann der Reinerding'sche Plan vollständig durchgeführt werden konnte.

Berliner Straße (1961)

Hauptstraße im Clausthaler Neubaugebiet ,,Bremerhöhe", vom Zellbach bis Sorge/Rosenhof führend.
Der Name der Straße erinnert an die ehemalige Reichshauptstadt Berlin.
An dieser langen Straße liegen die Orientierungsstufe, die Robert-Koch-Schule (Gymnasium), das Hallenbad, das Polizeirevier Oberharz, die berufsbildende Oberbergrat-Albert-Schule (Oberbergrat Albert, 1787–1846, Erfinder des Eisendrahtseils), die Stadthalle, die Grundschule Bremerhöhe, die Realschule und die Bergbau-Berufsgenossenschaft mit der Hauptstelle für das Grubenrettungswesen.

Bestelstraße (überliefert)

Im Ortsteil Clausthal Verbindungsstraße von der Mühlenstraße zum Zipfel.
Früher offiziell auch Bestell-Straße, Pestell-Straße oder Pestelgasse genannt. Bezug auf die Pest? 1625 über 1300 Tote durch die Pest. Über den genauen Ursprung des Namens ist nichts bekannt. Die Volkssprache führte zu manchen Umdeutungen.

Berliner Straße, 1981.

Birckenbachstraße (1957)

In Clausthal Verbindungsstraße von der oberen Erzstraße zur Paul-Ernst-Straße, ab 1928 Poststraße.
1957 umbenannt zu Ehren von Professor Dr. phil. Lothar B i r c k e n b a c h , geboren 21. 4. 1876 in Bad Kissingen, verstorben 22. 9. 1962 in Hamburg.
Zu den herausragenden Persönlichkeiten, die das Leben der Bergakademie Clausthal mit gestalteten, gehört Lothar Birckenbach. 1922 nahm er einen Ruf an die Bergakademie Clausthal an. Er mußte das Gesamtgebiet Chemie vertreten, fand aber ein völlig veraltetes, baufällig und zu klein gewordenes Institut vor. Mit großer Energie, unter Überwindung erheblicher Schwierigkeiten bei der Finanzierung, gelang es ihm, den Neubau des Chemischen Instituts auf den Spittelwiesen durchzusetzen, der 1924 begonnen und 1925 fertiggestellt werden konnte.
1943 wurde Professor Dr. Birckenbach auf eigenen Wunsch emeritiert. Gleichzeitig ernannte ihn die Bergakademie Clausthal ,,in Anerkennung der überragenden Verdienste als Lehrer, Forscher und als Mehrer des Ansehens der Bergakademie" zu ihrem Ehrenbürger.

Birkenweg (1961)

Im westlichen Zellerfeld, Neubaugebiet ,,Kleine Höhe", Nebenstraße zum Ebereschenweg.
Birkenweg = Motivgruppe der Bäume.

Blaue Wasser

Die Insel nennt der Volksmund auch ,,Blaue Wasser". So genannt, weil der Hornbach/Zellbach durch Abwässer der früheren Färberei oft bläulich erschien. Die Färberei lag auf dem jetzigen Grundstück Beckmann (Bauhofstraße 3).

Bockswieser Höhe (1964)

Nördlich von Zellerfeld gelegen (Bauerngehöft).
Der Name bezieht sich auf den Flurnamen Bockswieser Höhe und den Ort Bockswiese.
Typisch für den Oberharz sind die großen Wiesenflächen. Die Wiesen waren früher Privatbesitz der Einwohner. Hier wurde das für alle Viehhalter so wichtige Heu geerntet und zum Verbrauch im Winter auf den Heuböden gestapelt. Heute ist die Viehhaltung durch nicht bäuerliche Betriebe eingestellt. Die Nutzung der Wiesen wurde jahrzehntelang vernachlässigt, weil sich die Viehhaltung nicht mehr lohnte. Jetzt aber werden die Wiesen durch eine Anzahl von sog. Neusiedlerhöfen wirtschaftlich wieder genutzt, teilweise sind sie zu Ackerland umgebrochen worden.

Bohlweg (1964)

In Clausthal Verbindungsstraße zwischen Osteröder Straße und Mühlenstraße.
Der eigentliche Bohlweg führt in Verlängerung der Mühlenstraße in Richtung Obere Innerste, zweigt am Johannistal ab zum Oberen Flambacher Teich. Tiefe Spurrinnen im Waldgebiet lassen seinen einstigen Verlauf noch heute erkennen. Das dortige Sumpfgelände, durch ausgelegte Bohlen und Fichtenstämme passierbar gemacht, gaben dem Erztransportweg nach den Hüttenplätzen am Flambach und an der Innerste seinen Namen.

Bornhardtstraße (1929)

In Zellerfeld Verbindungsstraße zwischen Schützenstraße und Zellweg, hieß früher Obere Marktstraße.
1929 umbenannt zu Ehren von Berghauptmann Wilhelm B o r n h a r d t , geboren 20. 4. 1864 in Braunschweig, verstorben 2. 12. 1946 in Goslar.

Professor Dr. Lothar Birckenbach.

Berghauptmann Wilhelm Bornhardt.

Bornhardtstraße, frühere Obere Marktstraße, um 1905.

Wilhelm Bornhardt war von 1922 bis 1930 Berghauptmann in Clausthal-Zellerfeld und eifriger Förderer der Harzer Heimatgeschichtsforschung. Ganz besondere Verdienste erwarb er sich um das Oberharzer Bergwerks- und Heimatmuseum.

Das Gebiet um die Bornhardtstraße ist als Kurviertel von Clausthal-Zellerfeld (Heilklimatischer Kurort ab 1967) anzusehen.

Nach dem großen Brand von 1672 wurde eine neue Kirche gebaut; sie erhielt den Namen *St.-Salvatoris-Kirche* (Einweihung 1683).

Unterhalb der St.-Salvatoris-Kirche liegt die von Berghauptmann von Trebra ab 1792 angelegte „Terrasse" und nahe daran die *Bergapotheke,* welche man nach dem Brand von 1672 im Jahr 1674 neu erbaute.

Der *Thomas-Merten-Platz* mit dem *Minigolfplatz* liegt vor dem Oberharzer *Bergwerks- und Heimatmuseum,* das im früheren und letzten Zellerfelder Rathaus untergebracht ist. Das Museum ist mit mehr als 160 000 Besuchern jährlich eine große Sehenswürdigkeit des Oberharzes.

An der Ecke Bergstraße steht das im Jahr 1673/74 von Oberbergmeister Daniel Flach erbaute Haus, heute allgemein als „*Dietzel-Haus*" bezeichnet.

In der Nähe (Bornhardtstraße 7) liegt das *Kurmittelhaus* und die *Zellerfelder Münze* (1673/74 erbaut, aufgelöst 1788), in der sich heute der *Kunsthandwerkerhof* befindet. Von dort ist es nicht mehr weit bis zum *Kurpark und Konzertgarten.*

Brandgasse (1952)

Verbindung (keine durchgehende Fahrstraße) im oberen Teil zwischen Sägemüllerstraße und Osteröder Straße im Ortsteil Clausthal.

Nach dem großen Brand von 1854 nicht wieder bebauter Teil. Diese und andere Quergassen, womit man die langen Häuserreihen unterbrach, sollten bei neuen Bränden den Zugang zu den Brandstätten erleichtern und die Ausbreitung des Feuers erschweren.

Der Volksmund nannte diese Gasse zu verschiedenen Zeiten nach Anwohnern auch Kutschergasse, Leiniggasse, Löwegasse.

Brauhausberg (überliefert)

Von der ehemaligen Brauerei Zellerfeld (abgerissen 1979) hat die zur St.-Salvatoris-Kirche ansteigende Straße, die vom Zellbach bis zum Zellweg führt, den Namen Brauhausberg erhalten.

Am Ende des Brauhausberges steht noch heute das „untere Wachthaus" (jetzt Nr. 3). Hier war auch der Schlagbaum angebracht. Auf dem Grundstück Nr. 20 befand sich früher eine Papiermühle, die 1872 abbrannte. Hinter der Papiermühle war ein Teich, dessen Wasser später von der Brauerei genutzt wurden. Im Volksmund hieß er „Zupperdententeich", weil sich in der Nähe am Zellweg die alte Superintendentur befand. Später schüttete man den Teich zu und richtete das Gelände als Schulhof her. Das Langer-Haus (Nr. 16) wird im Volksmund „die Grafschaft" genannt (früherer Eigentümer war ein Graf).

Bremerhöhe (überliefert)

Die Bremerhöhe in Clausthal soll nach einem Köhler mit Namen Bremer benannt sein, der darauf sein Kohlhai gehabt hat. Im 16. Jahrhundert muß die Höhe bewaldet gewesen sein, denn die Bewohner Wildemanns, so wird berichtet, suchten hier mit ihrem Vieh Schutz im Wald.

Der Name Bremerhöhe wird aber auch in Verbindung gebracht mit einem Müller Namens Paul Bremer.

Wahrscheinlich ist aber eine Ableitung von dem niederdeutschen brame, breme = Brombeergesträuch, buschiger Rand, bewachsener Abhang.

Die Straße Bremerhöhe wurde 1974 nach der französischen Partnerstadt in L'Aigler Platz umbenannt.

Bohlweg, 1976.

Brauhausberg, um 1905.

Bremerhöhe, um 1930.

Bremerstieg, 1967.

Zufahrt zum ehemaligen Barackenlager des Rüstungsbetriebs „Werk Tanne", 1939 (jetzt Breslauer Straße).

Am Brink (Buntenbock), 1981.

Bremerstieg (1961)

1952 wurde im Ortsteil Clausthal der Straßenteil vom Zellbach bis etwa bis zur Oberbergrat-Albert-Schule Bremerstieg getauft. 1961 Umbenennung in Berliner Straße.
1961 Benennung der von der Berliner Straße (nahe der Berufsgenossenschaft) auf die Bremerhöhe ansteigenden Straße in Bremerstieg.

Breslauer Straße (1951)

Im östlichen Clausthal Anschlußstraße an die Adolf-Ey-Straße in Richtung der ,,Oberharz-Kaserne", zeitweise auch Tannenhöher Straße benannt.
Der Name erinnert an Breslau, die ehemalige Hauptstadt von Schlesien.
An der Breslauer Straße liegt die ,,Oberharz-Kaserne", in der die Männer des PSV-Batl. 800 untergebracht sind.
1953 wurde Clausthal-Zellerfeld Garnisonstadt, zunächst Bundesgrenzschutz und ab 1960 Bundeswehr.
Auf dem jetzigen Kasernengelände lag das sog. Bereitschaftslager mit Unterkünften für den Rüstungsbetrieb ,,Werk Tanne".

Am Brink (1968)

Die Straße Am Brink, im mittleren Teil Buntenbocks, führt zum Mittelweg.
Mit der Straßenbenennung soll auch an den alten Buntenböcker ,,Schüttenbrink" erinnert werden (Schütten = Schützen, Brink = Hügel), zum Schützenhaus führend.

Großer Bruch und Kleiner Bruch (überliefert)

Im Ortsteil Clausthal verbindet der Große Bruch die Osteröder Straße/Sägemüllerstraße und Buntenböcker Straße.
Der Kleine Bruch, der wesentlich länger bewohnt wird (ausgebaut 1661 bis 1690), liegt zwischen der Rollstraße und der Sägemüllerstraße. Er war früher eine Sackgasse. Im Volksmund auch ,,der kleine Zaster" genannt.
Beide Straßen haben ihren Namen von der bruchigen und moorigen Beschaffenheit des Geländes.
Die Quellen des ,,Großen Bruches" lieferten der Stadt und besonders der Clausthaler Brauerei viele Jahrzehnte bestes Wasser.
Nach der Brandkatastrophe von 1725 plante die Bergstadt Clausthal im Zusammenhang mit der Straßenverbreiterung eine Ausweisung von weiteren Bauplätzen. Es sollte eine Fläche zwischen der Sägemüllerstraße und Buntenböcker Straße, der sog. ,,Bruch" im Gebiet einer Quellmulde des Clausbachs, bebaut werden. Dieser Plan kam jedoch nicht zur Ausführung, weil der Bedarf an neuen Bauplätzen überschätzt worden war. Nur hinter der Sägemüllerstraße entstand mit vier Häusern der Anfang der späteren Straße Großer Bruch. Zeitweise auch Löbecker Straße (nach einem Backhaus) benannt.

An den Langen Brüchen (überliefert)

Südöstlich von Clausthal gelegen (Bauerngehöft).
Die Waldstraße führt u. a. zum Campingplatz ,,Prahljust".
,,Lange Brüche,, nennt man das bruchige und moorige Gelände beiderseits der Straße zwischen dem Hirschler Teich und Buntenbock, im Volksmund oft fälschlich als ,,Lange Brücke" bezeichnet.

Kleiner Bruch, um 1910.

Neubauten am Großen Bruch, 1963.

Buntenböcker Straße, um 1908.

Die frühere Bergstraße, jetzt Burgstätter Straße, um 1905. Rechts die ehemalige Knappschaft, 1930 nach Hannover verlegt.

Bruchbergweg (1959)

Im südlichen Clausthal zweigt der Bruchbergweg von der nach Buntenbock führenden Schwarzenbacher Straße ab.

Der Name weist auf den Bruchberg hin, der sich östlich von Clausthal-Zellerfeld erhebt. Der Bruchberg ist mit vielen bruchigen und moorigen Flächen bedeckt und überragt die Oberharzer Hochebene um 300 m.

Buntenböcker Straße (1685)

Im Ortsteil Clausthal vom Rollplatz in Richtung Buntenbock führend.

Bis 1670 wurde die jetzige Sägemüllerstraße als Buntenböcker Straße genannt und erst ab 1675 als Sägemüllerstraße erwähnt. In dieser Zeit bebaute man die neue Straße, die nach Buntenbock führt, und benannte sie ab 1685 „Neue Buntenböcker Straße".

Burgstätter Straße (1980)

Die Burgstätter Straße in Clausthal, von der Erzstraße bis zur Rollstraße führend, hieß bis 1928 Bergstraße, 1704 auch Neue Bergstraße, von 1928 bis 1980 Burgstädter Straße. Sie soll früher auch einmal Erz-Straße geheißen haben. 1928 Umbenennung, weil es auch eine Bergstraße in Zellerfeld gab.

Die erste Bebauung der oberen Burgstätter Straße erfolgte zwischen 1661 bis 1680.

Von der alten „Burgstätte", die in der Nähe des ehemaligen Ostbahnhofs (jetzt Fa. Preiss & Widrat) lag und eine wallartige Turmhügelburg war (Ausmaße etwa 40 x 60 m), haben der Burgstätter Hauptzug (Erzgang) und die Burgstätter Straße ihren Namen. Auf dem Illingschen Riß von 1661 ist die Burgstätte eingezeichnet. Sie soll die namengebende „Stammburg" der bergbautreibenden Herren von Dörrefeld (13. Jahrhundert) gewesen sein. Die Burg diente dem Schutz der wichtigen Erzgruben am Horbach (Hornbach). Zum Burgstätter Hauptzug gehörten viele berühmte Gruben, wie u. a. der „Wilhelm-Schacht", die „Loria" (Anna-Eleonore), „Marienschacht", die „Caroline" und „Dorothea".

Das Bergbaugebiet des Oberharzes gehörte vom 16. bis zum 19. Jahrhundert mit zu den größten und wichtigsten Montanrevieren Mitteleuropas.

Die Erzgänge hatten eine Mächtigkeit von wenigen Zentimetern bis zu mehreren Metern und vereinigten sich zu sog. Gangzügen. Durchschnittlich betrug die Mächtigkeit 6 m, erreichte aber Höchstwerte bis zu 40 m.

In den oberen Zonen enthielten die Erzgänge silberhaltigen Bleiglanz und in den unteren Zonen überwiegend Zinkblende.

Der Bergbau auf der Harzhochfläche wurde um 1180 aufgenommen. Ob man bereits in vorgeschichtlicher Zeit versucht hat, hier Erze zu gewinnen und zu verwerten, ist nicht nachweisbar.

Im Haus Burgstätter Straße 6 befand sich die Knappschaft, die man 1930 nach Hannover verlegte. Die alte St.-Nikolaus-Kirche an der Burgstätter Straße ist erbaut um 1870, die neue Kirche wurde 1961 eingeweiht.

Büttnerstraße (überliefert)

Im Ortsteil Clausthal Verbindungsstraße zwischen Zehntnerstraße und Osteröder Straße/Sägemüllerstraße.

Hier, in der Nähe der ehemaligen Brauerei Clausthal, haben früher überwiegend Büttner oder Böttcher gewohnt. Sie stellten u. a. Fässer zum Bierbrauen und auch die zahlreichen Wasserbottiche innerhalb der Clausthaler Wasserleitung sowie Fördertonnen her.

Die Verbindung zwischen der Büttnerstraße und der Zehntnerstraße nennt der Volksmund „Ellbogengassel", weil die Straßenführung einem Ellenbogen ähnlich verläuft.

Nach Bränden Bebauung der Büttnerstraße von 1634 bis 1661.
Die über der heutigen Schlachterei Winnefeld (Osteröder Straße 17) liegende Verbindungsgasse zwischen der Osteröder Straße und der Sägemüllerstraße, sie gehört noch zur Büttnerstraße, hieß im Volksmund Kutscherstraße, Lenkgasse (das Lenksche Haus brannte 1932 ab), oder auch Tronniergasse (nach dem 1911 verstorbenen Zahnarzt Tronnier).

Carl-Peters-Straße (1936)

In Zellerfeld Verbindungsstraße von der Bergstraße zum Brauhausberg/Zellbach.
Früher Grabenstraße nach dem in der Nähe verlaufenden Zellbacher Graben (Mühlengraben).
Umbenennung 1936 nach Carl P e t e r s , geboren 27. 9. 1856, verstorben 10. 9. 1918.
Carl Peters war ein bekannter Kolonialpionier; er gründete 1884 die Kolonie Deutsch-Ostafrika.

Claushof

,,Claushof" wird der Herrenhof genannt, der den Grubenhagenschen Herzögen als Quartier diente, wenn sie von ihrer Residenz in Herzberg nach Clausthal kamen.
Der ,,Claushof" befand sich in Clausthal an der Stelle des alten Münzgebäudes (Osteröder Straße) oberhalb des Sorger Teiches. 1617 wurde der Herren- oder Claushof, der mit einem tiefen Wassergraben und einer Brücke geschützt war, zur Münze hergerichtet. 1849 verlegte man die Münze nach Hannover.

Clausthaler Straße (überliefert)

Die Untere Marktstraße (jetzt Marktstraße) in Zellerfeld hieß früher auch Clausthaler Straße.

Dammhaus (etwa 1732)

Das Sperberhaier Dammhaus liegt östlich von Clausthal.
Nach wiederholten Trockenzeiten, die sich für den Oberharzer Bergbau wegen fehlender Aufschlagwasser katastrophal auswirkten, entstand in den Jahren von 1732 bis 1734 der ,,Sperberhaier Damm". Gebaut wurde er mit den beschränkten Mitteln jener Zeit. In harter Handarbeit mit Spaten, Kiepen und Schubkarren brachten die Bergleute das Erdreich und Steinpackungen heran. Mit rd. 1000 m Länge und 16 m Höhe überbrückt der Damm das Tal beim Sperberhai. Durch dieses Bauwerk wurde der Anschluß an die Wasservorräte des Hochharzes geschaffen. Sogar bis an das Brockenmoor stieß man vor. Nach diesem Damm erhielt der Dammgraben seinen Namen.
Im Dammhaus wohnte der Grabenwärter, welcher den in der Nähe liegenden Abschnitt des Dammgrabens überwachte. Wie in den Zechenhäusern allgemein üblich, so war auch im Dammhaus ein Gastwirtschaftsbetrieb gestattet. Noch heute kann man dort einkehren.

Am Dammgraben (1971)

Straße im östlichen Clausthal, Neubaugebiet ,,Oberer Haus-Herzberger Teich", Einmündungen in den Mönchstalweg und Hirschler Weg.
Der Name weist hin auf den Dammgraben, den wichtigen Zufluß vom Acker-Bruchberg, allgemein auch als ,,Lebensader des Oberharzes" bezeichnet.
Der Dammgraben im engeren Sinne hat eine Länge von etwa 23 km, das ganze Dammgrabensystem zusammen mit allen Zuflüssen etwa 49 km. Der Dammgraben hat seinen Namen nach dem in den Jahren von 1732 bis 1734 erbauten ,,Sperberhaier Damm".
Um die in den Gruben zudringenden Wasser zu heben und das Erz zu fördern, wurde die Wasserkraft verwendet. Ebenso brauchte man Wasser in den Hütten und zum Ausscheiden und Zerkleinern des erzhaltigen Gesteins. Je höher man im Gelände das Wasser gewann, um so öfter konnte

Dammhaus, um 1930.

Ausschnitt aus einem Riß von Daniel Flach, 1661. Die Darstellung zeigt den Bereich um die Grube „Treue".

es über ein Wasserrad fallen. Das Wasser aus hochgelegenen Gräben oder Staubecken ließ sich danach etwa sechsmal, aus tiefer gelegenenen entsprechend weniger oft über die Wasserräder leiten. Es war an Höhe und Wasser „nichts zu verschenken!" Bis zum 19. Jahrhundert waren insgesamt 70 Teiche und Talsperren gebaut worden, die ein Fassungsvermögen von etwa 10,5 Millionen Kubikmeter hatten und eine Fläche von nahezu 250 ha bedeckten. Die Gesamtlänge aller Sammel- und Wassergräben betrug ca. 140 Kilometer.

Daniel-Flach-Straße (1977)

Im nördlichen Zellerfeld, Neubaugebiet „Bockswieser Höhe". Einmündung in die Straße Hoher Weg.
Straßenbenennung zu Ehren von Daniel F l a c h , geboren 1632 in Zellerfeld, verstorben 14. 1. 1694 in Clausthal.
Daniel Flach war Oberbergmeister und Markscheider. Er ist bekannt durch seine kunstfertigen bergbautechnischen Zeichnungen. 1661 hat er den großen Grubenriß des Zellerfelder Hauptganges angefertigt, dessen Original eine Länge von 9 m hat.
1673/74 baute er in Zellerfeld ein dreistöckiges Haus, das in seiner äußeren und inneren Bauweise eine gewisse Übereinstimmung mit der Zellerfelder Bergapotheke hat. Heute ist es allgemein als „Dietzel-Haus" (Ecke Bergstraße/Bornhardtstraße) bekannt.

Danziger Straße (1961)

Im südlichen Clausthal, Verbindungsstraße zwischen Großer Bruch und Marienburger Weg.
Der Name erinnert an die ehemals Freie Stadt Danzig.

Am Dietrichsberg (1971)

Im östlichen Clausthal, Neubaugebiet „Oberer Haus-Herzberger Teich". Einmündungen in die Straßen Hirschler Weg und Am Dammgraben. Benannt nach dem östlich gelegenen Dietrichsberg.
In einer Urkunde von 1298 wird schon vom „Diderikesberge, der bis an de langen geht", geschrieben, auch ein „Dederikesbarch" wird genannt.
Der Dietrichsberg soll seinen Namen erhalten haben nach einem Dyderich (Diderik, Dederik, Dyderk) von der Langene, der Mitte des 13. Jahrhunderts gelebt hat und hier Waldbesitz gehabt haben soll.
Früher wurde am Dietrichsberg Bergbau auf Eisenstein betrieben.

Dietrichgasse

Den Verbindungsweg oberhalb der Sägemüllerstraße zur Straße Am Schlagbaum, ab 1952 Schützengasse benannt, nannte der Volksmund früher auch Dietrichgasse nach einem Anwohner.

Dorotheer Zechenhaus (1713)

Von den heute noch vorhandenen Zechenhäusern ist das Dorotheer Zechenhaus, östlich von Clausthal gelegen, das berühmteste im ganzen Oberharz. Hier kehrten alle Besucher ein, die sich durch eine Besichtigung der berühmten Gruben „Dorothea" und „Caroline" ein Bild von dem damaligen Stand der Technik bzw. der Bergbaukunst machen wollten. So verzeichnen die Fremdenbücher der beiden benachbarten Gruben in der Zeit von 1753 bis 1886 mehr als 20 000 Namen. Bedeutende Persönlichkeiten wie J. W. von Goethe, H. Heine, Lavater, James Watt haben eine solche Befahrung unternommen.
Die Grube „Dorothea" auf dem Burgstätter Hauptgang wurde betrieben von 1656 bis 1886; sie

war fast 600 m tief. Als reichste Grube des Oberharzes stand sie von 1709 bis 1864 ununterbrochen in Ausbeute. Im Zechenhaus versammelten sich die Bergleute mit ihren Steigern vor der Einfahrt zum Gebet. Von jeher war hier ein reger Wirtschaftsbetrieb.

In der großen Zechenstube befanden sich an den Wänden ringsherum breite Sitzkästen, während eine Seitenwand mit schrankähnlichen Verschlägen bedeckt war. In der Nähe des gewaltigen Ofens hingen parallel laufende Stangen unter der Decke, auf denen die Bergleute ihr vom Grubenwasser durchnäßtes Zeug trockneten. In der Mitte stand der durch den ganzen Raum reichende Tisch, und der Fußboden war mit gepochtem Schwerspat bestreut.

Das Haus ist heute in Privatbesitz.

Nahe dem Dorotheer Zechenhaus lag die ebenfalls berühmte Grube ,,Caroline". Auf dem Gelände dieser Grube, umgeben von Fichtenwäldern, ist 1925 der herrliche Sportplatz der Bergakademie Clausthal errichtet worden.

Dunemanngasse

So nennt der Clausthaler Volksmund den Weg, der oberhalb der Büttnerstraße von der Osteröder Straße in die sog. ,,Grund" führt. Ein ehemaliger Anwohner hieß Dunemann.

Einst nannte man die Gasse auch Goldene-Stiefel-Gasse nach einem Gasthaus ,,Zum Goldenen Stiefel", das sich dort befand.

Ebereschenweg (1961)

Im westlichen Zellerfeld, Neubaugebiet ,,Kleine Höhe". Verbindung in Richtung Marktstraße und Schützenstraße.

Ebereschenweg = Motivgruppe der Bäume.

Am Ehrenhain (1964)

Ortsteil Clausthal, Nebenstraße der Berliner Straße.

Die Straße liegt in der Nähe des Ehrenmals der Bergstadt Clausthal-Zellerfeld auf der Bremerhöhe.

Das Ehrenmal wurde 1960 eingeweiht.

Einersberger Blick (1964)

Im westlichen Clausthal, Neubaugebiet ,,Bremerhöhe", Einmündung in die Berliner Straße.

Der frühere Besitzer des westlich gelegenen Wald- und Berggeländes hieß Meyinhard (Meinhard). Danach noch 1785 benannt die Meinersberger Teiche und der Meinersberg. Auf späteren Zeichnungen ist durch ein Versehen das M weggefallen, was bis heute übernommen wurde.

Um 1526 wurde auf der Winterhalbe an der Nordseite des Einersberges der Bergbau wieder aufgenommen.

An der Straße Einersberger Blick liegt die Georg-Diederichs-Schule (Hauptschule, benannt nach dem ehemaligen Ministerpräsidenten des Landes Niedersachsen und Ehrenbürger der Bergstadt Clausthal-Zellerfeld, Dr. Georg Diederichs).

Erzstraße (überliefert)

Ortsteil Clausthal, Verbindungsstraße von der Altenauer Straße zum Kronenplatz.

Früher sind täglich viele mit Erz beladene Pferde-Fuhrwagen von den Gruben des Burgstätter Hauptganges durch die Erzstraße und die Sorge nach den Pochwerken im Clausthaler Tal gefahren.

Ehemaliges Gymnasium. 1905–1969. Ab 1928 Robert-Koch-Schule benannt. In dem Gebäude ist heute das Mathematische Institut der TU Clausthal untergebracht. Erzstraße, um 1905.

Erzstraße und ehemalige Bergstraße, jetzt Burgstätter Straße, um 1908.

Wegen der repräsentativen Wohnhäuser, die hier Ende des 19. Jahrhunderts entstanden, galt die Erzstraße seinerzeit mit als das beste Wohngebiet Clausthals.
An der unteren Erzstraße wurde von 1880 bis 1930 der Kaiser-Wilhelm-Schacht betrieben. Die Stromerzeugung im Wilhelm-Schacht stellte man 1980 ein.

Eschenbacher Straße (1929)
Im östlichen Ortsteil Clausthal, Nebenstraße der Adolf-Ey-Straße. Früher Eschenbachstraße.
Der Name weist auf den Eschenbach und die Eschenbacher Teiche hin, die in der Nähe liegen. Früher waren es drei, heute sind es nur noch zwei Teiche.
Der Eschenbach hieß in früheren Jahrhunderten ,,Esbeke". Am Bach war vermutlich zahlreicher Baumwuchs mit Eschen.

An den Eschenbacher Teichen (1981)
Neubaugebiet ,,Eschenbacher Teiche". Verbindung zu den Nebenstraßen im Neubaugebiet, zum nördlichen Zellerfeld und Zellbach.
Der Name bezieht sich auf die nahe gelegenen Eschenbacher Teiche. Der Untere Eschenbacher Teich wurde vor 1602 und der Obere Eschenbacher Teich etwa 1602 angelegt, sie gehören zum System ,,Teiche auf dem Zellerfelde".
1979 sind die Anlagen der Oberharzer Wasserwirtschaft als Kulturdenkmal anerkannt worden. 1980 hat die Preussag die Oberharzer Wasserwirtschaftsanlagen an das Land Niedersachsen zurückgegeben.

Eulenspiegler Mühle
Die Eulenspiegler Mühle, am südwestlichen Stadtrand von Zellerfeld, war seit 1665 eine Getreidemühle mit herrschaftlicher Erlaubnis. Hier ließen die Bergleute gegen ein geringes Mahlgeld ihr ,,Herrenkorn" mahlen. Das Herrenkorn war eine Gerechtsame der Bergverwaltung zur Erleichterung der Lebenshaltung der Berg- und Hüttenleute. Das Korn wurde aus Osterode geholt, wo man auf Veranlassung des verdienstvollen Berghauptmanns Heinrich Albert von dem Bussche in den Jahren von 1720 bis 1723 ein ,,Kornmagazin" errichtete.
Die Eulenspiegler Mühle, in der zeitweise auch ein Schullandheim untergebracht war, wird heute zu Wohnzwecken genutzt.

Fenknergasse (bis 1929)
Im Ortsteil Clausthal hieß der Verbindungsweg zwischen Burgstätter Straße und Schulstraße früher offiziell Fenknergasse. So benannt nach Schlachtermeister Fenkner, der im Eckgrundstück Schulstraße seinen Laden hatte.
Mit der Umbenennung in Hartlebenweg soll erinnert werden an den Dichter Otto Erich Hartleben (1864 bis 1905), der als Sohn eines Clausthaler Bergmeisters in der Rollstraße geboren wurde.

Ferienpark ,,Oberer Haus-Herzberger Teich"
Schön gelegener Ferienpark am Oberen Haus-Herzberger Teich, erste Ferienhäuser 1954 (Klein Berlin).

Fingerhutweg (1981)
Neubaugebiet ,,Eschenbacher Teiche". Verbindungsstraße zum Siebensternweg.
Fingerhutweg = Motivgruppe der Pflanzen.

An den Eschenbacher Teichen, 1983.

Ferienpark ,,Oberer Haus-Herzberger Teich, 1980.

Flambacher Mühle, um 1975.

Finkegasse

In Clausthal heute nicht mehr vorhanden. Sie führte in Verlängerung des vor einigen Jahren eingezogenen Wiesenweges vom Feldgraben am Löwsteich vorbei. Durchgang am Wohnhaus Schreier, Andreasberger Straße, am Grünen Platz vorbei zur Straße Am Schlagbaum. Benannt nach einem Schmiedemeister Finke. Die ,,Finke-Schmiede" befand sich vermutlich auf dem Grundstück Schreier. Sie brannte 1835 ab. Der Finke-Schmied zog deshalb zum Rollplatz, Ecke sog. Schornsteinfegergasse, später auch ,,Fenkner-Schmiede" genannt (jetzt Gastwirtschaft ,,Zur Börse").

Flambacher Mühle

Die Flambacher Mühle hat ihren Namen nach dem Flambach, der in den Wiesen südwestlich Clausthals entspringt und beim Zechenhaus ,,Obere Innerste" in die Innerste mündet.
Der Name des Flambachs, nach dem die Mühle einst benannt wurde, wird 1463 urkundlich mit ,,Fladenbek" (rein, sauberes Wasser, das den Boden sumpfig macht) erwähnt. Nach dieser Urkunde, die den Waldbesitz des Goslarer Nonnenklosters Neuwerk behandelt, bestanden am Fladenbek zwei erzverarbeitende Hütten. Man vermutet die eine Hütte an der Einmündung des Flambachs in die Innerste und die zweite an der Stelle, wo man später die Flambacher Mühle erbaute. Bestimmend für die Anlage der Mühle an dieser Stelle des Flambachs, so ist anzunehmen, werden Stauanlagen der ehemaligen Hütte gewesen sein.
Die Flambacher Mühle wird 1624 erstmals genannt, vermutlich war sie zu dieser Zeit schon 50 Jahre alt.
Heute befindet sich in der Flambacher Mühle eine Familien-Erholungs- und Bildungsstätte.

Fleischscharrenplatz

Ortsteil Zellerfeld. Auf dem Gelände, wo heute das Gemeindehaus der Ev. Kirche in Zellerfeld steht (ehemaliges ,,Gefangenhaus"), befand sich früher die ,,Fron-Veste" (Gefängnis). Das Haus brannte mehrfach ab, wurde aber stets an gleicher Stelle aufgebaut.
Vor dem Gefängnis lag der sog. Fleischscharrenplatz, auf dem man damals in Buden Fleisch- und Wurstwaren verkaufte (Scharren = Bude).

Am Forstamt (1952)

Diese Clausthaler Straße, früher nach Bäckermeister Bremer (verstorben 1927) im Volksmund auch Bremergasse genannt, liegt an dem Gelände, auf dem sich bis 1966 das Forstamt Clausthal befand. Sie verbindet die Osteröder Straße mit der Sägemüllerstraße.
In dem ehemaligen Forstamtsgebäude ist heute das Hotel ,,Altes Forsthaus" eingerichtet worden.

Alte Fuhrherrenstraße (1972)

Die Alte Fuhrherrenstraße im Ortsteil Buntenbock führt vom Mittelweg am ehemaligen ,,Platz" in Richtung auf die ,,Chaussee", die Bundesstraße von Goslar nach Osterode.
Der frühere Name Hütteweg mußte 1972 bei der Zusammenlegung mit der Bergstadt Clausthal-Zellerfeld geändert werden, weil es in Clausthal-Zellerfeld bereits zwei Straßen ähnlichen Namens gab.
Den Namen Alte Fuhrherrenstraße wählte man, um die Erinnerung an das alte Fuhrherrendorf Buntenbock wachzuhalten. Von 1700 bis 1850 war die Blütezeit des Fuhrwesens in Buntenbock. Seit etwa 1750 traten ,,Fuhrherren" auf. Die Fuhrherren fühlten sich als ein besonderer Stand. Selbst der König mußte ihren Erzwagen ausweichen, so wird berichtet. Was mit der schweren Last zusammenhing.

Alte Fuhrherrenstraße (Buntenbock), 1962.

Kuhaustrieb Am Galgensberg, um 1935.

Goslarsche Straße, um 1900, mit ehemaliger Oberförsterei. In dem Gebäude lebte von 1779–1796 Berghauptmann F. W. H. von Trebra und traf sich dort auch zu Studien mit seinem Freund J. W. von Goethe.
Das Haus brannte 1913 ab, im neuerrichteten Gebäude (Goslarsche Straße 25) befindet sich heute die Arztpraxis Dr. Kuhlmann.

Goslarsche Straße, 1982.

Allein im Transportwesen des Eisensteinbergbaus sind um 1800 etwa 560 Pferde mit 280 Fuhrleuten beschäftigt gewesen. Die Fuhrleute wohnten vor allem im Mittelteil des Ortes, der sich fast in einem Halbkreis um die beiden Junkernhöfe legte. Neben der Schmiede, die noch heute an dem alten Fahrweg liegt, sind auch die Gasthöfe, die zur Einkehr und zum Ausspann für Fuhrleute dienten, eine Erinnerung an die „goldene Zeit" des Fuhrwesens und Buntenbocks.
Nördlich des Dorfgemeinschaftshauses (Alte Fuhrherrenstraße) liegt der Kurpark.

Am Galgensberg (1929)

Im östlichen Clausthal, Verbindungsstraße zwischen Ecke Am Klepperberg/Altenauer Straße und Adolf-Ey-Straße.
Der Galgensberg hat seinen Namen von einem Galgen, der dort auf der Höhe gestanden hat.
Der erste Galgen wurde im 16. Jahrhundert in der Wiesenflur Abtshöfe errichtet und dann nach der Bremerhöhe verlegt. Von hier nahm man ihn weg und stellte ihn 1631 beim jetzigen Galgensberg auf. Als die Bergleute darüber Beschwerde führten (es spukte!), wurde der Galgen auch von hier wieder weggenommen und auf dem Junkernfeld bei der Ziegelhütte südlich von Buntenbock aufgestellt.

Gänsemarkt

Am Ende der Schützenstraße in Zellerfeld liegt ein Platz, der „Gänsemarkt" genannt wird. Hier, so erzählt der Volksmund, sammelten sich früher besonders viele Gänse und anderes Federvieh zum freien Auslauf.

Glückauf-Weg (1964)

Im westlichen Clausthal, Neubaugebiet „Bremerhöhe", gelegen. Nebenstraße zur Berliner Straße.
Die Straße soll mit ihrem Namen an den alten Bergmannsgruß erinnern. Der Bergmannsgruß „GLÜCK AUF" entstand um 1670 gleichzeitig im Erzgebirge und im Oberharz. Im 19. Jahrhundert war er zum gemeinsamen Gruß der Oberharzer Bevölkerung geworden; er sollte es auch in Zukunft bleiben und nicht vergessen werden!

Goldene-Stiefel-Gasse

So nannte der Clausthaler Volksmund die Gasse, die oberhalb der Büttnerstraße von der Osteröder Straße in die sog. „Grund" führt. Benannt nach einem Gasthaus „Zum Goldenen Stiefel", das sich dort befand.
Heute nennt der Volksmund diesen Weg „Dunemannsgasse" nach einem ehemaligen Anwohner.

Goslarsche Straße (überliefert)

Die Goslarsche Straße ist eine der ältesten Straßen und die Hauptstraße von Zellerfeld.
Die Straße führt, worauf sie mit ihrem Namen hinweist, in Richtung Goslar.
An dieser Straße liegen die St.-Salvatoris-Kirche, zahlreiche Geschäfte, Banken und bekannte Hotels, u. a. auch das „Haus des Handwerks", früher Sitz der Kreishandwerkerschaft des ehemaligen Landkreises Zellerfeld, jetzt Bildungsstätte der Kreisvolkshochschule Goslar, und die Zellerfelder Feuerwehrwache.
Außerhalb des Stadtteils befindet sich die Fachklinik „Erbprinzentanne" (früher das Gasthaus „Zur Erbprinzentanne", später die Heilstätte „Erbprinzentanne").

Genesungsheim „Erbprinzentanne" an der Goslarschen Straße, um 1906.

Graupenstraße, um 1900. Im Vordergrund das ehemalige Gymnasium, jetzt Staatshochbauamt.

Gottesackerstraße (bis 1881)

Diese Clausthaler Straße führte einst zwischen den Häusern der Goslarschen Straße Nr. 193 und 195 (jetzt Adolf-Römer-Straße 20 und 22) hindurch zum Alten Friedhof. 1881 wurde die Straße für den Verkehr gesperrt.

Grabenstraße (bis 1936)

Die Grabenstraße in Zellerfeld wurde benannt nach dem nahe gelegenen Zellbacher Graben (Mühlengraben), den Bergleute in der ersten Hälfte des 16. Jahrhunderts anlegten. Ein Teil der Zellbachwasser wurde so der Grube „Treue" und der Eulenspiegler Mühle zugeführt.
Im Jahr 1936 erfolgte eine Umbenennung der Grabenstraße in Carl-Peters-Straße.

Grabenweg

Noch heute nennt man den Weg von der Robert-Koch-Straße (früher Hinterm Zellbach), vorbei an den Häusern Zellbach 84 und 86 und der ehemaligen „Zigarrenfabrik" (jetzt Fiekert) und weiter zur Bremerhöhe allgemein den Grabenweg. So genannt nach dem Bremerhöher Graben.

Grauer Hof

Der „Graue Hof" in Clausthal war als Haus für Arme und Asylsuchende eingerichtet und lag hinter der Burgstätter Straße beim Neuen Friedhof. 1844 brannte das Haus ab.

Graupenstraße (überliefert)

Im Ortsteil Clausthal Verbindungsstraße von der Adolf-Römer-Straße zur Burgstätter Straße. Nach Bränden Bebauung in den Jahren 1634 bis 1661.
1704 auch als Spital-Gasse (nach dem Spital auf dem Alten Gottesacker) angegeben. Später, vermutlich nach einem Anwohner, Graupnerstraße genannt, zeitweise auch Graubnerstraße.
Ob eine sprachliche Verbindung besteht von Graupnerstraße zu Graupenstraße oder mit Graupen-Gräupchen, Gräuple, einem früher üblichen Straßenbelag, ist nicht mehr eindeutig zu klären. An der Graupenstraße liegen das Staatshochbauamt (im früheren Schulgebäude) und die Grundschule.

Grüner Platz

So nannte der Volksmund in Clausthal den früher freien Platz zwischen der Andreasberger Straße und der Buntenböcker Straße. Er war viele Jahre ein sehr beliebter Platz zum Tanzen um den Johannisbaum.

Am Haferberg

So hieß um die Zeit des Dreißigjährigen Krieges in Clausthal ein Stück Land am unteren Voigtsluster Weg. Dort hatte man einige Wiesen zu Ackerland gemacht und mit Hafer besät. Der Haferanbau mußte aber wieder eingestellt werden, weil das Umpflügen der Wiesen ohne Erlaubnis verboten war. Als dennoch im Jahr 1653 wieder viel Hafer angebaut wurde, verfügte das Bergamt, daß niemand den gewachsenen Hafer bei 50 Taler Strafe in die Stadt bringen und jedermann sich des Hafersäens gänzlich enthalten solle. Der Hafer wurde nur selten reif. Man befürchtete aber, daß er den Pferden und Eseln zum Nachteil der Bergfuhren schaden könne.

Otto Erich Hartleben.

Neubauten an der Hasenbacher Straße, 1963.

Hahnebalzer Weg (1957)
Im südlichen Clausthal, Verbindung zwischen Stettiner Straße und Hasenbacher Straße.
Der Name bezieht sich auf balzende Auerhähne und die beiden Hahnebalzer Teiche, die zum „Innerstegefälle" gehören.
Der Obere Hahnebalzer Teich ist vor 1743 und der Untere Hahnebalzer Teich, auch Mühlenteich genannt, zwischen 1676 und 1686 erbaut.

Hartlebenweg (1929)
Im Ortsteil Clausthal, Verbindung zwischen Burgstätter Straße und Schulstraße/Rollstraße, hieß früher auch Fenknergasse.
Im Jahr 1929 umbenannt zu Ehren von Otto Erich H a r t l e b e n, geboren 3. 6. 1864 in Clausthal, verstorben 11. 2. 1905 in Saló am Gardasee.
Sohn des Berggeschworenen und späteren Bergmeisters Hartleben.
Otto Erich Hartleben war zuerst Jurist, widmete sich aber von 1890 ab ausschließlich der Dichtkunst und der Schriftstellerei; er ist durch zahlreiche Bühnenwerke und Dichtungen bekannt geworden. Seine Offizierstragödie „Rosenmontag", wofür er den Grillparzer-Preis erhielt, vollendete er 1899 in St. Andreasberg, wo er sich jedes Jahr einige Wochen erholte. Bekannt sind u. a. noch seine Novellen „Vom gastfreien Pastor" und „Einhornapotheker".

Hasenbacher Straße (1957)
Im südlichen Clausthal, Nebenstraße der Stettiner Straße.
Der Name weist auf den Hasenbach, den Hasenbacher Teich im Wiesengelände bei Buntenbock (erbaut 1712) und gute Jagdgründe hin.

Hasenbacher Weg (1968)
Im Ortsteil Buntenbock schließt nördlich vom Mittelweg der Hasenbacher Weg an.
Am Ortsende gabelt sich diese Straße und führt in zwei Wiesenwegen nordwestlich zum Hasenbacher Teich und nördlich als „Zimmermannsweg" zum Clausthaler Schützenplatz.
Der Name weist, wie bei der Hasenbacher Straße im Ortsteil Clausthal, auf den Hasenbach, den Hasenbacher Teich und Wildbestand hin.

Haus-Herzberger Straße (1940)
Im östlichen Clausthal, Nebenstraße der Adolf-Ey-Straße.
Der Name erinnert an die einst in Herzberg residierenden Herzöge von Grubenhagen, ehemals die Landesherren von Clausthal.
Oberhalb der Haus-Herzberger Teiche liegen die ausgedehnten Halden der Grube „Haus Herzberg". Der Name ist auch auf den hier streichenden wichtigen Haus-Herzberger Zug (Erzgang) übergegangen.
Der Obere Haus-Herzberger Teich, erbaut 1588, ist als Badeteich eingerichtet („Waldseebad").
Der Untere Haus-Herzberger Teich wurde 1660 erbaut. Beide Teiche gehören zum Dammgrabensystem.

Heßgasse
Im Ortsteil Clausthal gelegen, Anfang des vorigen Jahrhunderts offizielle Straßenbezeichnung für eine Verbindung zwischen der Osteröder Straße und Sägemüllerstraße. In der Nähe befand sich ein Feuerteich. Eine genaue Ortsbezeichnung ist nicht bekannt.

Clausthaler Marktplatz (jetzt Hindenburgplatz) mit Marktkirche, um 1905. Im Vordergrund die Kurrende.

Sammeln der Ziegenherde nahe dem Rathaus, um 1930. Austrieb durch die Hippelgasse.

Hindenburgplatz (1933)

Bei der Marktkirche in Clausthal gelegen, hieß jahrhundertelang Marktplatz.
1933 umbenannt zu Ehren von Paul von Beneckendorff und von H i n d e n b u r g , geboren 2. 10. 1847, verstorben 2. 8. 1934, Generalfeldmarschall im Ersten Weltkrieg, Reichspräsident von 1925 bis 1934.
Der frühere Marktplatz verlor seine Bedeutung, als mit der Entstehung der Ladengeschäfte der Umfang der Wochenmärkte zurückging. Der bedeutungslos gewordene Markt wurde hinter das Rathaus verlegt und der davor gelegene Marktplatz 1911 zu einer Grünanlage („Storchenwiese") umgestaltet.
In der Mitte des Hindenburgplatzes liegt die Marktkirche, die größte Holzkirche Deutschlands. Sie wird umrahmt von öffentlichen Gebäuden. An der Westseite befindet sich das Oberbergamt, an der Nordseite das Hauptgebäude der Technischen Universität, an der Ostseite der Sitz des Superintendenten und an der Südseite das Rathaus. Hinter dem Rathaus lagen das Gefängnis (Timnitz) und die Molkerei (abgerissen 1974).

Hinterm Zellbach (bis 1972)

Ortsteil Clausthal, von der Bauhofstraße bis zum Straßenteil Kurze Straße führend.
Ab 1972 nach Anschluß an die Robert-Koch-Straße Umbenennung der Straße Hinterm Zellbach in Robert-Koch-Straße.

Hippelgasse

So nannte der Volksmund in Clausthal die Gasse, die von der unteren Sägemüllerstraße (Eckhaus „Wurstezipfel") zum Kleinen Bruch führt.
Früher wurden die „Hippels" (Ziegen) vom Sammelort beim Rathaus durch diese Gasse auf die Weideflächen getrieben.

Hirschler Weg (1971)

Im östlichen Clausthal, Verbindungsstraße zwischen Tannenhöhe und Mönchstalweg im Neubaugebiet „Oberer Haus-Herzberger Teich".
Der Name weist hin auf die Grube „Grüner Hirsch", die von 1646 bis 1809 in Betrieb war und östlich von Clausthal lag. Nach dem Namen dieser Grube hat der für ihre Betriebswasserversorgung um 1646 angelegte Hirschler Teich gleichfalls seine Bezeichnung erhalten. Dieser Teich, kurz „Hirsch" genannt, gilt als der größte der Oberharzer Teiche, er gehört zum Dammgrabensystem.
Der Hirschler Teich versorgt Clausthal mit Trinkwasser.

Hoher Weg (überliefert)

Im nördlichen Zellerfeld gelegen. Verbindung zwischen Goslarsche Straße und Spiegeltaler Straße (Richtung Johanneser).
Zu vermuten ist, daß der Hohe Weg Teil eines durchgehenden Höhenweges gewesen ist (s. a. Hundscher Weg = Hoher Weg). Vielleicht sollte damit aber auch die „höchste" nördliche Begrenzung Zellerfelds bezeichnet werden.
Vom Straßenteil Hoher Weg führt ein Weg zum nahe gelegenen Sportplatz des FC Zellerfeld.

Hühnerbrink

Im vorigen Jahrhundert wurde der abschüssige untere Straßenteil Zellbach (vor dem Haus der Fa. Fiekert & Söhne) offiziell als Hühnerbrink bezeichnet.

Neubaugebiet „Bockswieser Höhe", 1983.

Unterer Zellbach, hieß im vorigen Jahrhundert Hühnerbrink.

Die Frankenscharrn-Hütte, um 1850 (nach Ripe). Später Bleihütte Clausthal.

Die „Insel", auch „Blaue Wasser" genannt, 1976, und die ehemalige Eisenbahnstrecke nach Altenau.

An diesem erhöhten Platz und nahe dem Bach zwischen Clausthal und Zellerfeld hatten vermutlich die Hühner und anderes Federvieh ihren freien Auslauf.

Hüttenstraße (überliefert)
Südwestlich von Clausthal führt die Hüttenstraße an dem Gelände vorbei, auf dem sich die Bleihütte Clausthal befand.
Die Hütte bestand schon vor Jahrhunderten als Hütte zu den Frankenscharrn, erwähnt bereits 1355. Kurz vor 1554 wurde sie neu erbaut, deshalb wird als Gründungsjahr zumeist 1554 angegeben. Sie ist im Laufe der Jahrhunderte bedeutend vergrößert worden. Zeitweilig stellte die Clausthaler Hütte 33% des in Deutschland gewonnenen Rohbleies her. Diese Entwicklung hielt bis in die 30er Jahre dieses Jahrhunderts an. Durch die Einstellung der Gruben um Clausthal-Zellerfeld verlor die Hütte dann aber ihre Erzgrundlage. Seit dieser Zeit hatte die Bleihütte Clausthal, wie sie seit der Übernahme des Werkes durch die Preussag 1925 genannt wurde, schwer um ihre Existenz zu kämpfen. Grundlegend wäre der Hütte nur zu helfen gewesen, ,,wenn der grüne Schachthut wieder das Bild von Clausthal-Zellerfeld belebt hätte". Dieser Wunsch erfüllte sich leider nicht. Zeitweise waren über 100 Hüttenleute dort beschäftigt.
Die Frankenscharrn-Hütte, Clausthaler Silberhütte, Bleihütte Clausthal ist nach jahrhundertelanger Betriebszeit am 31. 12. 1967 stillgelegt und abgebrochen worden.
Über die erste Aufnahme des Oberharzer Bergbaus fehlen sichere Nachrichten. Die Vermutung liegt nahe, daß die im 10. Jahrhundert nach Goslar gerufenen fränkischen Bergleute frühzeitig auch in den Oberharz vorgedrungen sind. Sie werden dann in den Gängen, die dort vielfach an den Talhängen zu Tage ausstreichen, verhältnismäßig leicht fündig geworden sein.
Hier, unterhalb der Mündung des Clausbachs in den Zellbach und oberhalb der Mündung des Zellbachs in die Innerste, wird eine Siedlung angenommen. Diese Siedlung, die seit dem mittelalterlichen Bergbau den Namen Frankenscharrn trug, war bereits 1527 bewohnt.

Hüttenweg (1959)
Im nördlichen Clausthal, Neubaugebiet ,,Bremerhöhe". Der Hüttenweg verbindet den Bremerstieg mit der Berliner Straße.
Der Name erinnert an die ehemalige Bleihütte Clausthal.

Im Innerstetal (überliefert)
Waldstraße an der Innerste zwischen der B 241 (Richtung Osterode) und B 242 (Richtung Wildemann/Bad Grund).
Die Innerste hieß früher auch Entrista, Indistra, Indistria, Inderste und oberharzisch: Innerscht. Der Name soll ,,eilender Fluß" bedeuten.
Die Innerste-Quelle, früher Öhrnborn und Ahornbrunnen genannt, liegt beim Entensumpf, der auf bergamtlichen Karten als Innerstesprung bezeichnet wird.
An der Innerste und ihren Nebenbächen war einst ein reger bergbaulicher und hüttenmännischer Betrieb.

Insel
Das Gelände zwischen der früheren Badeanstalt an der Bauhofstraße und dem ,,Gartenhaus" (früher ,,Kast-Häusel") in den Abtshöfen wird im Volksmund die ,,Insel" oder ,,Blaue Wasser" genannt.
Die sog. ,,Insel" ist mit als älteste, nichtstädtische Clausthaler Siedlungszelle anzusehen, ungeregelte Bebauung etwa ab 1544 bis 1554.
Im unteren Revier des Burgstätter Hauptgangs ,,an dem Zellerfelde" wird im Jahr 1544 die Grube

„Heilige Dreifaltigkeit" erwähnt. Etwa um diese Zeit hatte sich hier eine kleine bergmännische Ansiedlung gebildet, die man anfangs „Zellerfeld grubenhagenschen Theils" nannte.

Auf der „Insel" befand sich später die Grube „Silberkrone" (1668 bis 1678), danach „Cron-Calenberg" (1678 bis 1818), im Volksmund „Schwarze Grub" genannt. Davon hat die in der Nähe liegende Halde den Namen „Schwarze Hall" erhalten, wahrscheinlich wegen des dunklen Erdreichs. Man sprach auch von der „Insel-Grub".

Junkernfelder Weg (1968)

Im Ortsteil Buntenbock zweigt der nur kurze Junkernfelder Weg vom Mittelweg ab und führt westlich auf die Alte Fuhrherrenstraße, vorbei am „Oberen Hof" und „Unteren Hof". Das sind die beiden alten Junkernhöfe.

Die Junkernhöfe leiten ihren Namen von adligen Besitzern her, denen sie von etwa 1561 bis um 1740 gehörten. Der eine Hof ist etwa seit 1561 im Besitz der Familie Quast gewesen, den anderen bewirtschaftete ab 1595 Jobst von Berkefeld. 1606 wurden beide Junkernhöfe von der Familie Berkefeld übernommen.

Den Junkernfelder Graben, der ein Wiesengelände durchschneidet und 3750 m lang ist, legte die Bergbaubehörde 1639 an gegen den Einspruch derer von Berkefeld.

Nach 1631 wurde auf dem Junkernfelde westlich der Osteröder Chaussee (oberhalb der jetzigen Gaststätte „Alraune im Tannenhof") ein Galgen (Galgenwiese) errichtet. Letzte Hinrichtung 1847.

Am Karlerberg (überliefert)

Westliches Zellerfeld, in Verlängerung der Marktstraße Richtung Zellerfelder Talstraße.

Der „Karler Berg" und der „Carler Teich" sind benannt nach der Grube „Unüberwindlicher Kaiser Karl" (Kaiser Karl V.). Die Grube wird bereits 1542 erwähnt und hatte eine Teufe von 145 m. Der „Carler Teich" ist vor 1563 angelegt.

Kindsfrauengasse (überliefert)

Die schmale Mäverstraße in Clausthal (Verbindung Adolf-Römer-Straße und Sorge) hieß früher auch Kindsfrauengasse, was darauf schließen läßt, daß hier wahrscheinlich Hebammen gewohnt haben.

Kippweg

Den unteren Teil der Straße Großer Bruch zur Sägemüllerstraße hin, nannte der Volksmund in früheren Jahren auch Kippweg.

Klein Frankreich

Der obere Teil der Schützenstraße und der Straße Hoher Weg heißt im Zellerfelder Volksmund „Klein Frankreich". Darüber gibt es verschiedene Deutungen. Anzunehmen ist eine Verbindung zwischen „Mariannels" und „Marianne" (Symbolfigur der Franzosen). Die Zellerfelder Marktfrauen wurden im Volksmund allgemein als „Mariannels" bezeichnet. Sie sollen früher überwiegend in dieser Gegend, dem „Klein Frankreich", gewohnt haben.

Der kleine Platz (1978)

Im Ortsteil Clausthal. So heißt jetzt der Platz an der Adolf-Römer-Straße (Einmündung Mäverstraße) zwischen der Fa. Uppenborn und der Schlachterei Eine.

Im Volksmund wird dieser Platz auch Hille-Platz genannt nach den Schlachtermeistern Hille, denen das Grundstück jahrzehntelang gehörte.

Schneepflug mit Pferden (Klepper) am Klepperberg, 1951.

Klosterhof, um 1910.

Am Klepperberg (1929)

Die Straße Am Klepperberg im Ortsteil Clausthal verbindet die Altenauer Straße mit dem Zellbach.

An diesem steilen Berg konnten die Klepper (Pferde) mit den vollbeladenen Wagen nur mühsam vorwärts kommen. Im Winter war das besonders anstrengend. Vermutlich ist so der Name Klepperberg entstanden.

Am Klepperberg liegt die August-Tiemann-Turnhalle (eingerichtet 1871) und im unteren Teil eine Außenstelle der AOK Nordharz.

Klosterhof (überliefert)

Wahrscheinlich ist der Klosterhof, am westlichen Stadtrand von Zellerfeld gelegen, ein Außenhof des Klosters St. Matthias in Cella gewesen. Hier soll man eine umfangreiche Viehwirtschaft betrieben haben.

Der Klosterhof muß viele Jahre unbewohnt gewesen sein, denn erst 1680 wird er wieder erwähnt. Um diese Zeit war der Forstschreiber J. H. Busch Besitzer, der die verfallenen Gebäude wieder instandsetzte. Busch veräußerte den Besitz an Christian Böse, der ihn u. a. als Branntweinbrennerei und Getreidemühle nutzte. Um 1730 erscheint der Klosterhof als Gastwirtschaft. Nach dem Besitzer wurde die Gastwirtschaft allgemein der ,,Bösehof" genannt. In dem großen Garten fanden früher Turnfeste und auf dem Teich Eislaufveranstaltungen statt.

Heute wird auf dem Gelände des Klosterhofs ein privates Altersheim unterhalten.

Knackstedtgasse

So nennt der Volksmund in Clausthal die steile Gasse, die in Verlängerung der Baderstraße von der Sorge auf die Bremerhöhe führt. Im unteren Eckhaus wohnte vor dem Ersten Weltkrieg ein Steiger namens Knackstedt. Zeitweise auch Rohrmanngasse nach dem Schlachtermeister Rohrmann genannt.

Knorrgasse

Früher nannte der Volksmund in Clausthal den Weg von der unteren Zehntnerstraße (Hänschen-Haus) in die sog. ,,Grund" allgemein Knorrgasse. Benannt nach der ehemaligen ,,Knorr-Schmiede" an der Zehntnerstraße.

Königsberger Straße (1951)

Im östlichen Clausthal, Einmündung in die Straße Am Ludwiger Graben.
Der Name soll an Königsberg, Hauptstadt von Ostpreußen, erinnern.

Körbergasse

So nannte der Clausthaler Volksmund eine Gasse, die sich auf der östlichen Seite der Buntenbökker Straße befand. Eine Schlachterei Körber (Vorgänger von Kurs) gab ihr den Namen.

Kronenplatz (überliefert)

Der Kronenplatz, heute ein zentraler Platz Clausthals, hat seinen Namen vom Hotel ,,Goldene Krone", das bereits 1690 von der Bergstadt Clausthal für die anreisenden Besucher der Bergwerke eingerichtet worden war. Vermutet wird, daß es sich bei dem Namen um eine symbolische Beziehung auf Herrscherkronen handelt, zumal das Hotel zeitweise den Namen ,,Zu den drei Kronen" geführt haben soll.

Kronenplatz, um 1900.

Kronenplatz, um 1955.

L'Aigler Platz, 1982.

Rue de Clausthal-Zellerfeld in L'Aigle.

Die „Goldene Krone" diente noch 1792 als Posthaus. Dann wurde die Post an die Ecke verlegt, wo sich heute das Geschäft „Konsum" befindet. Das jetzige Postgebäude am Kronenplatz übernahm die Post im Jahr 1874.
Ein Versuch, 1922 den Kronenplatz in Rathenau-Platz umzubenennen, scheiterte.

Am Kunstgraben (1977)

Im nördlichen Zellerfeld, Neubaugebiet „Bockswieser Höhe". Verbindung zwischen Hoher Weg und Daniel-Flach-Straße.
Der Zellerfelder Kunstgraben ist von Oberharzer Bergleuten im 17. Jahrhundert angelegt, um die Wasser aus den nordöstlich von Zellerfeld gelegenen Teichen den Wasserrädern für die Künste (Maschinen) in den Schächten des Zellerfelder Erzganges zum Antrieb der Fördereinrichtungen und der Pumpen zuzuführen. Daher die Bezeichnung „Kunstgraben". Der Zellerfelder Kunstgraben hatte einst eine Länge von 9500 m und ist heute noch wasserführend bis zum Winterwieser Wasserlauf.

Kurze Straße (1928)

Ortsteil Clausthal, vom Zellbach zur Bauhofstraße führend.
Die Kurze Straße hieß bis 1928 Schützenstraße, weil an ihr das erste Clausthaler Schützenhaus gestanden hat. Der Scheibenstand lag dort, wo sich heute die August-Tiemann-Turnhalle befindet. 1710 war das Schützenhaus baufällig geworden. Ein neues Schützenhaus konnte wegen mangelnder Geldmittel nicht gebaut werden. Die Schützen zogen daher in das stadteigene Wirtshaus „Zum weißen Roß" oberhalb der Osteröder Straße, das dann den Namen „Schützenhaus" erhielt. Für das Scheibenschießen wurde ein neuer Stand geschaffen.
1928 Umbenennung, weil auch Schützenstraße in Zellerfeld.

Kutschenweg

Im Ortsteil Clausthal ist die Verbindung von der Altenauer Straße in Richtung der Straße Am Ludwiger Graben und Voigtslust Kutschenweg benannt.
Auf der Bremerhöhe verlief von der ehemaligen „Tilly-Schanze" bis in die Gegend der früheren Aufbereitungsanstalt, im Volksmund „Neubau" genannt, auch ein Kutschenweg.
Der Name deutet an, daß diese Wege nur für leichteres Fuhrwerk befahrbar waren.

L'Aigler Platz (1974)

Im Ortsteil Clausthal Platzanlage vor dem Robert-Koch-Krankenhaus und dem Gesundheitsamt. Der Name weist hin auf die Partnerschaft zwischen der französischen Stadt L'Aigle in der Normandie und der Bergstadt Clausthal-Zellerfeld, die seit 1972 besteht.

Leibnizstraße (1963)

Im östlichen Clausthal, Neubau- und Hochschulgebiet „Am Feldgraben".
Benennung zu Ehren von Gottfried Wilhelm L e i b n i z , geboren 1646 in Leipzig, verstorben 14. 11. 1716 in Hannover.
Gottfried Wilhelm Leibniz war ein universeller deutscher Gelehrter und Denker. Sein Erfahrungs- und Arbeitsgebiet umfaßte neben Philosophie, Geschichts- und Sprachenforschung auch Jurisprudenz, Mathematik, Physik und Technik. Viele unserer mathematischen Bezeichnungen gehen auf Leibniz zurück.
Leibniz war im Jahr 1676 als Universal-Gelehrter von Herzog Johann Friedrich an seinen Hof nach Hannover geholt worden und hatte bei seiner Tätigkeit als Hofrat auch von den Schwierig-

Gottfried Wilhelm Leibniz.

keiten Kenntnis erhalten, mit welchen die Oberharzer Gruben bei der Bewältigung der Grubenwasser zu kämpfen hatten. Auf Grund der auf seinen Reisen in Holland gemachten Erfahrungen und eigener konstruktiver Überlegungen wollte er mit Hilfe vom Wind angetriebener Pumpen einen vertikalen Umlauf der Antriebswasser für die zahlreichen Wasserräder erreichen, welche mit in den Schächten eingebauten Pumpen die Grubenwasser dem tiefsten Wasserabfluß-Stollen zuhoben. Er wollte also mit dem vertikalen Wasserumlauf erreichen, daß man die gleichen Antriebswasser immer wieder von neuem nutzen konnte. Infolge widriger Umstände konnte Leibniz seine verheißungsvollen Pläne nicht verwirklichen.

Löbecker Straße

Im vorigen Jahrhundert offizielle Bezeichnung für die Verbindung zwischen der Buntenböcker Straße und Sägemüllerstraße (jetzt Großer Bruch). So benannt nach dem „Löbecker Backhaus", das hier stand und später durch Feuer vernichtet wurde.

Am Ludwiger Graben (1954)

Ortsteil Clausthal, Nebenstraße der Adolf-Ey-Straße, in der Nähe des Bundeswehr-Geländes und des neuen Sportplatzes der Turn- und Sportgemeinde von 1849 Clausthal-Zellerfeld. Ab 1951 zeitweise auch Ludwiger-Graben-Straße benannt.
Der Ludwiger Graben führte u. a. den beiden Schächten der Grube „Herzog Christian Ludwig" (1638 bis 1817) Aufschlagwasser zu. Die Grube, das Ludwiger Zechenhaus und der Ludwiger Graben haben ihren Namen nach dem Herzog Christian Ludwig (geboren 1625, verstorben 1665) erhalten.

Marienschacht, um 1860 (nach Ripe).

Ludwig-Jahn-Straße (1940)

Im Ortsteil Clausthal, Verbindungsstraße zwischen Adolf-Ey-Straße und Kutschenweg.
Benennung zu Ehren von Friedrich Ludwig J a h n , geboren 1778, verstorben 1852.
„Turnvater Jahn", Patriot, Sprachforscher. 1819 bis 1825 aus politischen Gründen verhaftet. 1848 Mitglied der National-Versammlung.

Marie-Hedwig-Straße (1929)

Im südlichen Clausthal, Verbindungsstraße von Osteröder Straße zur Mühlenstraße.
Westlich vom Clausthaler Schützenhaus befand sich der Schacht „Maria Hedwig". Im vorigen Jahrhundert hat man hier noch einmal (leider erfolglos) nach Erzen gesucht. 1871 bepflanzte man die Halde mit Bäumen.
Nach diesem Schacht wurde 1929 die Straße benannt.
In der Nähe der Schachtanlage lag ein Teich, allgemein „Pferdeteich" genannt und als Feuerteich genutzt. Im Volksmund hieß er auch „Pagenteich" (Pagen = Fohlen, Pferde). Die daneben stehenden Häuser, von denen eines 1915 abbrannte, nannte man die „Pagenhäusle".

Marienburger Weg (1959)

Im südlichen Clausthal, Verbindungsstraße zwischen Großer Bruch in Richtung Am Schlagbaum.
Der Name erinnert an die Stadt Marienburg in Ostpreußen. Die Burg war Sitz der Hochmeister des Deutschen Ordens (1309 bis 1457).

Am Marienschacht (nach 1856)

Wohngebiet östlich von Clausthal.
Der „Marienschacht" im oberen Burgstätter Hauptgang war seiger auf eine Teufe von 720 m nie-

dergebracht. Der Schacht diente zur Förderung, Fahrung, Wasserhaltung und Wetterführung. Er hatte eine eiserne Fahrkunst; die von einer Dampfmaschine bewegt wurde. Auf der Sohle des Ernst-August-Stollens, etwa 400 m unter Tage, befand sich eine Luftkompressor-Anlage. Eingeweiht wurde der Schacht im Jahr 1856 von Königin Marie von Hannover. 1911 stellte man die Erzförderung ein.

Am Markt
Im Ortsteil Clausthal Verbindung zwischen Osteröder Straße und Sägemüllerstraße.
Nach einem Ratsbeschluß von 1979 ist Am Markt (hinter dem Rathaus) u. a. auf den Grundstükken der ehemaligen Molkerei und des Bohrhauses ein öffentlicher Parkplatz errichtet worden.

Marktplatz (bis 1933)
Der Clausthaler Marktplatz, seit Jahrhunderten so benannt, wurde 1933 in Hindenburgplatz umbenannt.
Auf diesem zentralen Platz, den Bürgermeister Storch 1911 gärtnerisch gestalten ließ („Storchenwiese"), wurden seit 1672 die Wochenmärkte (mit großem Umsatz) und früher auch die Kram-Märkte, Vieh- und Pferdemärkte abgehalten. Noch bis 1880 fand dort in jedem Monat ein großer Wochenmarkt statt, auf dem Kürschner, Korbmacher, Drechsler, Klempner und viele andere Gewerbetreibende aus den Harzrandstädten erschienen.
An gewöhnlichen Wochenmärkten durften die auswärtigen Fleischer vom Harzrand nur geräuchertes Fleisch verkaufen. Der Verkauf des Frischfleisches war nur den einheimischen Fleischern gestattet.
In der Mitte steht die Marktkirche („Zum Heiligen Geist"), die man ab 1639 neu erbaute und zu Pfingsten 1642 einweihte.

Marktplatz (bis 1929)
Der Zellerfelder Marktplatz wurde 1929 in Thomas-Merten-Platz umbenannt.
Auf diesem Platz fanden früher die Wochenmärkte statt, zu denen Trägerkolonnen von Frauen (mit Kiepen) Gemüse, Eier, Butter, Geflügel, Branntwein usw. aus dem Harzvorland heranschafften.

Marktstraße (bis 1928)
Straße in Clausthal, die aus westlicher Richtung zum Hindenburgplatz (früher Marktplatz) führt. Im Ortsteil Zellerfeld gab es auch eine Marktstraße. Darum nach der Zusammenlegung der beiden Städte wieder Umbenennung in Silberstraße; so hieß diese Straße schon einmal.

Marktstraße (1929)
Im Ortsteil Zellerfeld Verbindung zwischen Zellweg und Straßenteil Am Karlerberg.
1929 in Marktstraße (früher Untere Marktstraße) umbenannt.
In der Nähe dieser Straße wurden früher die Zellerfelder Wochenmärkte abgehalten.
Das Königliche Amtshaus an der Marktstraße wurde 1735 erbaut, es war früher der alte fürstliche „Zehnten", in dem ehemals, als Zellerfeld noch zu Braunschweig gehörte, auch der Berghauptmann bis 1788 seine Wohnung und seine Diensträume hatte.
1859 wurde das Amt Zellerfeld gebildet, aus dem 1885 der Kreis Zellerfeld entstand. Die Kreisverwaltung, das Landratsamt, war danach bis zur Auflösung des Landkreises Zellerfeld im Jahr 1972 in diesem Gebäude untergebracht, das jetzt nur noch vom Amtsgericht genutzt wird.
Der Landkreis Zellerfeld wurde am 1. Juli 1972 aufgelöst, Buntenbock in Clausthal-Zellerfeld ein-

Marktplatz in Clausthal

Markttag um 1890

Markttag um 1905.

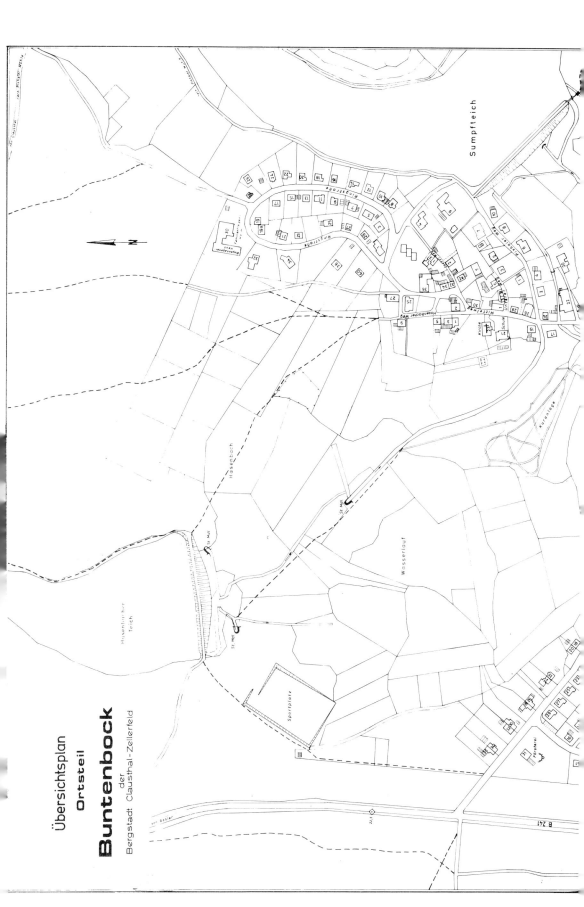

Marktstraße, um 1935.

Mäverstraße, um 1934. In diesem Doppelhaus, rechts, wohnte die Familie des Dichters Paul Ernst kurze Zeit (1871). Im Vordergrund der sog. Uhde-Platz.

Mittelweg (Buntenbock), 1981.

Moosholzweg mit IG-Metall-Heim im Vordergrund, 1979.

gemeindet. Altenau, Clausthal-Zellerfeld, Schulenberg und Wildemann schlossen sich zur Samtgemeinde Oberharz zusammen, die nunmehr zum Landkreis Goslar gehört.

Obere Marktstraße (bis 1929)

Die in Zellerfeld vom Zellweg bis zur Schützenstraße verlaufende Obere Markstraße (jetzt Bornhardtstraße) ist, wie auch die Untere Marktstraße, nach den Zellerfelder Wochenmärkten benannt worden, die man nahe dieser Straße abhielt.

Untere Marktstraße (bis 1929)

Im Ortsteil Zellerfeld hieß die jetzige Markstraße auch Untere Marktstraße.
Früher nannte man diese Straße Clausthaler Straße.
Die Obere Marktstraße heißt jetzt Bornhardtstraße.

Märtengasse

Der Clausthaler Volksmund nennt die Verbindung zwischen der oberen Sägemüllerstraße und dem Marienburger Weg Märtengasse.
So genannt nach dem Landwirt Ludwig Märten, der in der Nähe wohnte und sich sehr um die Oberharzer Rindviehzucht verdient gemacht hat. Davor nach einem Bergfuhrherrn auch Vollbrechtgasse genannt.

Mäverstraße (überliefert)

Verbindung von der Adolf-Römer-Straße zur Sorge, Ortsteil Clausthal. Hieß früher auch Kindsfrauengasse.
Nach Bäckermeister Mäver benannt, der Anfang des 19. Jahrhunderts dort (jetzt Mäverstraße 1) eine Bäckerei hatte. Später übernahm sie Bäckermeister Uhde.
Nach Bränden Bebauung der Mäverstraße in den Jahren 1634 bis 1661.
An der Mäverstraße lag früher ein kleiner Turnplatz.

Mittelweg (1968)

Die Straße, die im Ortsteil Buntenbock von Norden nach Süden mitten durch den ganzen Ort führt, bekam 1968 den Namen Mittelweg.
Nördlich am Mittelweg anschließend führt der ,,Clausthaler Weg" vorbei an der Fachklinik ,,Am Hasenbach" (ehemals Heilstätte ,,Schwarzenbach") als Hauptweg für Fußgänger in Richtung Clausthal.
Am Mittelweg liegt die Ev. Kirche.

Mönchstalweg (1962)

Im östlichen Clausthal, Neubaugebiet ,,Oberer Haus-Herzberger Teich". Einmündungen in die Breslauer Straße und den Hirschler Weg.
Das nahe gelegene ,,Mönchstal" liegt an der ,,Lange", die dem ,,Weißen Wasser" zufließt. Man unterscheidet das große und kleine Mönchstal. Hier ging in früheren Jahrhunderten auch Bergbau um. Noch 1843 wird eine Versuchsgrube ,,Franz August" erwähnt. Das Mönchstal soll seinen Namen von den Mönchsbildern erhalten haben, die nach einem Bericht von 1754 in Stein gehauen waren und sich in diesem Tal befanden.
Nach der Sage hielt sich der Bergmönch hier oft auf. Als er den Bergleuten durch seine Neckereien und Launen zu lästig wurde, vertrieben sie ihn, worauf er in einer kleinen Felswand verschwand.

Johannistag auf der Mühlenstraße, 1930.

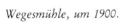

Wegesmühle, um 1900.

Untermühle, um 1900.

Hier soll später ebenfalls ein Mönchsbild zu sehen gewesen sein. Das Mönchstal kann aber auch so benannt sein, weil das Gebiet zum Besitz des Klosters St. Matthias in Cella gehörte.
An dieser Straße (Mönchstalweg 3) unterhält die Ev. Kirchengemeinde ein Gemeindehaus.

Moosholzweg (1968)

Im Ortsteil Buntenbock, Einmündung in den Mittelweg. Von der „Trift" verlief nach Südwesten ein Weg, der „Zippel" (Zipfel), der über das „Moosholz" nach Lerbach führte.
Auf Wunsch der Zipfel-Anlieger wählte man 1968 für diese Straße den Namen Moosholzweg. Die Flur Moosholz hat durch die Nordlage eine geringere Sonnenbestrahlung, daher die üppige Vegetation der Moose und daher der Name Moosholzweg.
Am Moosholzweg liegt das Erholungsheim der IG Metall

Mühlen im Spiegeltal
Wegesmühle, Mittelmühle, Untermühle und Brinkmühle

Nördlich von Zellerfeld gelegen.
Die *Wegesmühle* war im Gegensatz zur „herrschaftlichen" Eulenspiegler Mühle eine Privatmühle, wo ebenfalls das Korn der Kornzettelbesitzer und für die Zellerfelder Bäckereien gemahlen wurde. Die Mühle wird schon 1543 als „Furbachsmühle" aufgeführt. Furbach = Grenzbach (zwischen den Diözesen Mainz und Hildesheim). Im Jahr 1013 lag dort ein Flußübergang Widukindesspekian, d. h. Knüppelbrücke des Wittekind.
Die übrigen Mühlen, die *Mittelmühle* und die *Untermühle* im Spiegeltal sowie die *Brinkmühle*, die auf der Anhöhe vor der Mittel- und Untermühle stand, waren Privatmühlen. Die Brinkmühle brannte 1878 ab und wurde danach nicht wieder aufgebaut.
Die drei Mühlen im Spiegeltal (Wegesmühle, Mittelmühle und Untermühle) stellten den Mühlenbetrieb um die Jahrhundertwende ein und wurden zu Kurhäusern umgewandelt.

Mühlenberg

Südöstlich von Clausthal (Bauerngehöft).
Der Mühlenberg steht namentlich in Verbindung mit der Pixhaier Mühle und dem Pixhaier Teich (Mühlenteich). 1644 entstand in dem mittleren Zubringerbach, der das Pixhaier Moor durchzog, „über des Zehntners Mühle über dem Pixhai" der Pixhaier oder wie der Volksmund sagt, der Mühlenteich. Der Mühlenberg liegt in der Nähe.

Mühlenstraße (überliefert)

Die Mühlenstraße im Ortsteil Clausthal führt von der Zehntnerstraße in Richtung obere Osteröder Straße.
In frühester Zeit auch „Dreibrüder,, nach der nahe gelegenen Grube „Drei Brüder" (1560 bis 1818) genannt. Auch Bezeichnungen wie „Bei den drei Brüdern" und „Unter den drei Brüdern" sind bekannt. Im Volksmund heißt sie auch „Tillenburg". Der Feldherr Tilly soll 1626 in den Wiesen westlich der Straße Befestigungen angelegt haben.
Die Mühlenstraße (Neue Mühlenstraße) führt, worauf sie mit ihrem Namen hinweist, nach den Mühlen (Flambacher Mühle und Neue Mühle). An der unteren Mühlenstraße soll eine Mühle gestanden haben. Beweise liegen nicht vor.
Die erste Bebauung der unteren Mühlenstraße erfolgte nach 1554. Der obere Teil wurde in den Jahren von 1670 bis 1680 erbaut.

Im Oberfeld, 1979 (Buntenbock).

Meyer's Kurhaus, um 1908 (Buntenbock).

Neue Chaussee

Südlich der ehemaligen Brauerei Zellerfeld führte die Neue Chaussee zur Goslarschen Straße und Grabenstraße. Ab 1928 mit zur Grabenstraße gehörend.
Die Neue Chaussee ist in den Jahren 1856/57 angelegt worden. Damals waren trockene Sommer, so daß Aufschlagwasser für die Gruben fehlten. Daher wurden die Berg- und Hüttenleute, um eine Arbeitslosigkeit zu vermeiden, zum Bau der neuen Straße herangezogen.
Die Straßenführung ging von der Grabenstraße (jetzt Grundstück Fischer) bzw. Goslarschen Straße über die Altenauer Straße bis zur Erzstraße.
Der steile und für den Fuhrwerksbetrieb ungünstige Brauhausberg konnte nun umfahren werden.

Neue Mühle

Wohngebiet südwestlich von Clausthal gelegen (Innerstetal).
Im Jahr 1675 mußte der Rat der Bergstadt Clausthal seine gut eingerichtete Mahlmühle, die unten am Zellbach lag, aufgeben und das Gefälle entschädigungslos einbüßen. Hier sollte ein Pochwerk angelegt werden. Es galt der Grundsatz „Mühlen und Teichen müssen dem Bergwerk weichen!"
Der Stadt Clausthal wurde ein Platz an der Innerste zugewiesen und hier die Ratsmühle, die man Neue Mühle nannte, errichtet. Darüber baute die Stadt den „Mühlenteich", jenen Teich, der jetzt auch Unterer Hahnebalzer Teich (1676/86) heißt.
Die Neue Mühle wurde später verpachtet und ging in Privatbesitz über.
Oberhalb der Neuen Mühle lag die Angersteinsche Blankschmiede. Nach 1868 entstand dort eine Bleiweißfabrik, die 1910 abbrannte. Sie wurde wieder aufgebaut und ging dann 1925 in den Besitz der AROTA, die metallische Farben herstellte, über.
Seit der Einstellung des Mühlenbetriebes im Jahr 1905 hat die Neue Mühle verschiedenen Zwecken gedient, u. a. war dort in den dreißiger Jahren ein Jugendheim.
1975 erwarb der Verein „Jugendzentrum für Bildung und Freizeit" Gebäude und Grundstück und richtete das Christliche Freizeitheim „Neue Mühle" ein.

Neue Straße (1892)

Die Neue Straße im Ortsteil Clausthal, Verbindungsstraße zwischen Osteröder Straße – Sägemüllerstraße und Marienburger Weg, wurde nach dem großen Brand von 1854 unter besonderer Berücksichtigung des Brandschutzes neu angelegt.
In einem Sitzungsprotokoll der Stadt Clausthal von 1892 heißt es: „Die über dem Grummt'schen Hause von der Sägemüllerstraße nach der Osteröder Straße führende Querstraße soll den Namen Neue Straße erhalten, da eindeutig bezeugt wurde, daß diese Benennung schon seit Menschenaltern für die bisher unbebaute Straße gebräuchlich gewesen ist."

Nietzelgasse

An der oberen Buntenböcker Straße in Clausthal befindet sich ein Durchgang zur Hasenbacher Straße, der volksmundlich nach einem ehemaligen Anwohner Nietzelgasse genannt wird.

Im Oberfeld (1969)

Am Westende der Alten Fuhrherrenstraße im Ortsteil Buntenbock liegt das neue Siedlungsgebiet und die Straße Im Oberfeld.
Ober- und Unterfeld, das frühere Junkernfeld, gehörten zu den Hauptbesitzungen der Junkernhöfe. Das Unterfeld wurde südlich begrenzt von der Innerstniederung und nördlich vom Junkernfelder Graben. Die Grenze für das Oberfeld war südlich der Junkernfelder Graben und nördlich der Hütteweg (jetzt Alte Fuhrherrenstraße).
Das obere Feld hat der neuen Siedlung und der Straße den Namen Im Oberfeld gegeben.

Obere Innerste, um 1935.

Untere Innerste, um 1910.

Obere Innerste und Untere Innerste

Die beiden Zechenhäuser, südwestlich von Clausthal gelegen, werden schon im 17. Jahrhundert erwähnt. Im Innerstetal lagen mehrere Pochwerke, von denen man die oberen im Volksmund als Ochsen-Pochwerke bezeichnete. In den Pochwerken arbeiteten auch Pochjungen, die bei schlechtem Wetter in den Zechenhäusern Schutz und Wärme fanden.

In den Zechenhäusern wohnten Graben- und Teichwärter (Hutmänner), die bei jedem Wetter, vor allem bei Regen- und Tauwetter (Überschwemmungsgefahr), ihrer Pflicht nachgehen mußten. Ihr Wahrzeichen war das Häckel oder Hackel, ein Handstock, dessen Griff aus einem kleinen Beil bestand, mit dem sie im Wasser treibende Gegenstände herausholen oder die Schützenbretter lösen konnten.

Die Zechenhäuser Obere Innerste und Untere Innerste waren wegen ihres Wirtschaftsbetriebes ,,nach Bergmannsart" weit bekannt und werden auch heute noch gern besucht. Beide Häuser sind jetzt in Privatbesitz. Beim ehemaligen Zechenhaus Obere Innerste wird ein Campingplatz (,,Forellenhof") unterhalten.

Oberer und Unterer Weg (1968)

Im Ortsteil Buntenbock liegen nördlich und vom Mittelweg abzweigend die Straßen Unterer und daneben Oberer Weg.

Beide Straßen liegen im Oberdorf. Sie haben ihre alten Bezeichnungen auch nach der offiziellen Namensgebung im Jahr 1968 behalten.

Oberdorf, Unterdorf und Mitteldorf

Ortsteil Buntenbock.

Um 1150 bis 1350 wurden die Erze des Rammelsberges teilweise in Oberharzer Schmelzhütten verarbeitet. Auf Buntenböcker Flur standen zwei solcher Hütten, der ,,Obere Galm" und ,,Nedere Galm", zu vermuten unter dem heutigen Buntenböcker Schützenhaus und der früheren Einmündung des Galmbaches. Nicht auszuschließen ist jedoch, daß hier nur der ,,Obere Galm" war, während der ,,Nedere Galm" in der Nähe der Oberen Innerste zu suchen ist. 1595 werden etliche Häuser von Eisensteinern erwähnt.

Um 1615 wird erstmalig eine Ansiedlung ,,der Buntebock" genannt. In Urkunden des 17. Jahrhunderts Buntebőck, auf dem Bunde Bocke, Buntebeek, später auch Bundenbach.

Das Grundwort bock wird von beki-bach abgeleitet. Das Bestimmungswort Bunten wird erklärt mit ,,sunderlike buwende", d. h. eine Flur im Forst, die aus dem freien, herzoglichen Forst für Privatzwecke ausgeschieden wurde. Obschon danach der Ortsname Buntenbock mit einem aus dem Forstgebiet für Privatzwecke ausgesonderten Flurstück (Wiese, Feld) in Verbindung gebracht werden könnte, ist eine endgültige Deutung des Ortsnamens bisher nicht möglich.

Von alters her gab es in Buntenbock das Ober- und Unterdorf, jedoch ohne genaue Grenzbezeichnung. Der beiderseits unbebaute Teil zwischen dem ,,Platz" und der Gastwirtschaft ,,Zur Tanne" kann als Grenze angenommen werden.

1954 wurde die Straße im Mitteldorf ausgebaut.

Erst im Jahr 1968 stellte die Gemeinde Buntenbock ein amtliches Straßenverzeichnis auf. Bis dahin orientierte man sich nach markanten Häusern, Straßenabzweigungen und Ortsteilen. Die Numerierung der Häuser ging fortlaufend von Norden nach Süden. Sie begann mit der Pixhaier Mühle (Nr. 1) bis etwa zum Haus Höhlein (Nr. 60). Später kamen die Häuser der ,,Siedlung" (jetzt Alte Fuhrherrenstraße) und andere Neubauten dazu (bis Nr. 90).

Ostbahnhof, um 1914.

Am Ostbahnhof (nach 1913)

Der Ostbahnhof, an der ehemaligen Bahnlinie von Clausthal-Zellerfeld nach Altenau gelegen, wurde 1913 gebaut und diente zur Personen- und Güterabfertigung. Er war in Betrieb (Güterabfertigung) bis zur Stillegung der Bahnstrecke im Jahr 1976.
Jetzt ist auf dem Gelände des Ostbahnhofs eine Baustoffhandlung angesiedelt.
Nahe der Straße, die in die Altenauer Straße mündet, befindet sich eine moderne Tennishalle mit Plätzen (Einfahrt Sachsenweg).

Osteröder Straße (überliefert)

Straße in Clausthal von der Ecke Hindenburgplatz/Silberstraße in Richtung Osterode.
Erste Bebauung der unteren Osteröder Straße etwa in den Jahren von 1580 bis 1606 und der oberen Osteröder Straße von 1650 bis 1680.
Eine Verbreiterung der oberen Osteröder Straße erfolgte nach dem Brand von 1854. Damals wurde der östliche Straßenrand zurückgesetzt. Auf dem so gewonnenen Streifen pflanzte man eine Baumreihe, um bei etwaigen Bränden das Übergreifen des Feuers zu verhindern.
Die Fahrbahn folgt nach wie vor der 1725 abgesteckten Trasse. Unterhalb der Brandgrenze, im unteren Teil der Osteröder Straße, fehlt der Grünstreifen mit der Baumreihe, so daß dort die alte Straßenseite erhalten ist.
Im Haus Osteröder Straße 13 wurde 1843 Robert Koch, der später berühmte Arzt und Nobelpreisträger, und 1844 Osteröder Straße 50 der Harzschriftsteller Adolf Ey geboren.
Zwei Druckereien liegen an dieser Straße. Oberharzer Druckerei und Ed. Piepersche Buchdruckerei und Verlagsanstalt (Öffentliche Anzeigen für den Harz).
Der unter dem Namen „Alte Münze" an der Osteröder Straße 6 bekannte Barockbau wurde nach

Volksrodeln auf der Osteröder Straße, 1978.

Osteröder Straße, 1982.

dem Brand von 1725 neu aufgebaut (Münze betrieben von 1617 bis 1849), heute als Studentenheim genutzt. Daneben liegt die Mensa. Die Brauerei Clausthal (ehemals Stadtbesitz) stellte ihre Produktion 1978 ein.

Am Ottiliaeschacht (nach 1876)

Wohngebiet am westlichen Stadtrand von Clausthal.
Berghauptmann Ernst Hermann O t t i l i a e , geboren 16. 2. 1821 in Eisleben, verstorben 1. 8. 1904 in Breslau.
Ernst Hermann Ottiliae wurde 1868 der erste preußische Berghauptmann in Clausthal. Er wandelte 1869 die Bergschule nach preußischem Muster um und hat von 1873 bis 1875 das Laboratorium gebaut.
Zu seinen Ehren benannte man den 1876 vollendeten Förderschacht.
Daneben lag die Zentral-Erzaufbereitung, der „Neubau", errichtet 1905 und betrieben bis 1930, seinerzeit eine der modernsten Anlagen Europas.

Pastorenbrink

Bezeichnung für den ansteigenden Straßenteil zwischen der Marktkirche in Clausthal und den „Pastorenhäusern" (Hindenburgplatz). Mundartlich auch Zupperdentenbrink genannt.

Paul-Ernst-Straße (1933)

Im Ortsteil Clausthal Verbindungsstraße von der Erzstraße zur Straße Am Klepperberg. Ab 1928 „An den Spittelwiesen" benannt.
Im Jahr 1933 Umbenennung zu Ehren von Paul E r n s t , geboren 7. 3. 1866 in Elbingerode, verstorben 13. 5. 1933 in St. Georgen/Steiermark.

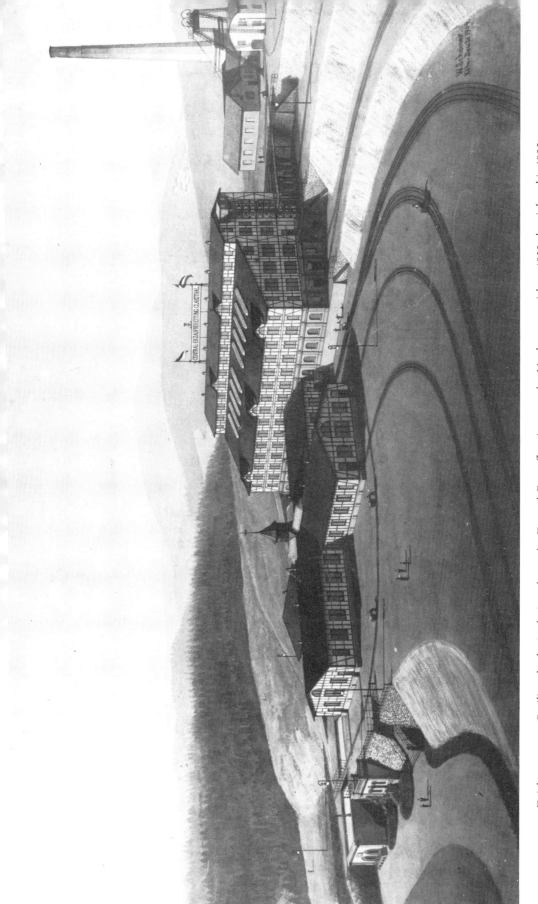

Zeichnung vom Ottiliaeschacht (rechts) und von der Zentral-Erzaufbereitung – der Neubau – errichtet 1905, betrieben bis 1930.

Paul Ernst.

Paul-Ernst-Straße mit Bergschule, um 1960.

Paul Ernst verzog mit seinen Eltern 1871 von Elbingerode nach Clausthal, der Vater fand hier Anstellung als Pochsteiger. Paul Ernst hat in seinen Jugendjahren in Clausthal gelebt und hier das Gymnasium besucht.

Später wurde er, nachdem er zuerst Theologie studiert hatte, Dichter und Schriftsteller. Aus der Fülle seiner zahlreichen Werke sind besonders hervorzuheben: Das Kaiserbuch, ein Epos in 3 Teilen (mit 90 000 Verszeilen), „Der Schatz im Morgenbrotstal", „Das Glück von Lautenthal" und seine „Jugenderinnerungen".

Im Gebäude Paul-Ernst-Straße 2 ist die Berg- und Hüttenschule Clausthal untergebracht.

Pfarrgasse

Die kleine Gasse neben der Katholischen Kirche in Clausthal, sie verbindet die Burgstätter Straße mit der Erzstraße, nennt der Volksmund Pfarrgasse, früher auch Schorlergasse oder Brenneckegasse.

Pfauenteiche (überliefert)

Wohngebiet östlich von Clausthal.

Die Pfauenteiche, die in der Nähe liegen, sind als Teiche schon früh bekannt. Der Mittlere Pfauenteich ist der älteste; er wird bereits in einer Grenzbeschreibung von 1298 als Banediek erwähnt. Sein Name ist aber schon in der urkundlichen Überlieferung entstellt. Da man den Sinn der Benennung nicht mehr verstand, wurde er im Volksmund über Formen wie Pagen (Pferde, Fohlen) = Pagendiek, Papen (Pfaffen) = Papendyk schließlich zum Pawendiek, d. h. hochdeutsch Pfauenteich (paw = Pfau). In alten schriftlichen Überlieferungen wird er als Bannediek, Baunendiek, in späterer Zeit auch Rovendiek genannt.

Richtig ist die Namensform Bovendiek, womit der Teich als „oberer" bezeichnet wird. Wahrscheinlich im Gegensatz zum „unteren", dem Eulenspiegler Teich?

In einer Aufzählung von 1763 stehen die 3 Teiche als „Alter Pfauen", „Großer Pfauen" und „Unter Pfauen". Sie werden auch als „Pfohmteiche" bezeichnet.

Der Mittlere Pfauenteich ist vor 1298 erbaut, der Untere Pfauenteich vor 1606 und der Obere Pfauenteich vor 1661.

Ein Kurhaus, das nahe den Pfauenteichen 1907 gebaut wurde, brannte 1933 als Unterkunft des Arbeitsdienstes bis auf die Grundmauern nieder.

An der Pixhaier Mühle (überliefert)

Der kleine Straßenabschnitt An der Pixhaier Mühle hat mit dem Ortsteil Buntenbock keine öffentliche Straßenverbindung.

Die Bezeichnung „hai" bedeutet das Nutzungsgebiet einer Waldfläche für einen Köhler. Das Wort kommt entweder von „hauen" oder von „hagen" = abgegrenztes Gebiet. Schon vor dem Jahr 1500 sind verschiedene „Kohlhai" zur Gewinnung von Holzkohle im Oberharz nachweisbar. Pix oder Paix könnte der Name eines Köhlers gewesen sein, der diese Fläche nutzte.

Die Pixhaier Mühle gehört mit zu den ältesten Mahlmühlen des Oberharzes. Die Mahlmühle „am vorderen Schwarzenbach" heißt sie in einer Belehnungsurkunde von 1581. Die Mühle hatte das Recht, Wasser von der Innerste durch einen Graben abzuleiten, jedoch ohne Beeinträchtigung des Bergwerks.

Die Pixhaier Mühle ist seit 1836 im Besitz der Familie Rohrmann und heute ein sehr beliebtes Ausflugslokal mit Fremdenpension.

Das ehemalige Kurhaus „Zu den Pfauenteichen", um 1910.

Barackenlager Pfauenteiche im Jahr 1974, abgerissen 1981. Links im Hintergrund Gelände des ehemaligen Rüstungsbetriebs „Werk Tanne".

Die Pfarrgasse, früher auch Schorler- und Brenneckegasse, um 1955. Im Hintergrund die alte katholische Kirche.

Pixhaier Mühle, um 1930.

Heimattreffen am Polsterberger Hubhaus, Pfingsten 1983.

Polstertaler Zechenhaus, um 1928.

Pixhaier Weg (1968)

Im Ortsteil Buntenbock führt der schöne Pixhaier Weg, abzweigend vom nördlichen Mittelweg, am Sumpfteich entlang in Richtung zur Pixhaier Mühle.
Beim Sumpfteich sei hingewiesen auf den Plan des Bergrats Köhler aus dem Jahr 1924, der hier einen ,,Hohen Innersteteich" mit 40 Millionen Kubikmeter Inhalt vorsah. Der Damm zum Einstau solcher Wassermassen hätte sämtliche oberhalb gelegenen Teiche in eine einzige große Talsperre verwandelt. Das Projekt scheiterte, weil u. a. die erheblichen Geldmittel nicht beigebracht werden konnten.

Polsterberg (um 1801)

Das Polsterberger Hubhaus liegt östlich von Clausthal in Richtung Altenau.
In diesem Haus, errichtet um 1801, befand sich eine Pumpe (,,Hubkunst"), mit der die Wasser des Dammgrabens um 18 m in den neuen Tränkegraben gehoben und im Bedarfsfall dem höchstgelegenen Hirschler Teich zugeführt werden konnten.
1801 entstand die erste Polsterberger Hubkunst zusammen mit dem unteren Kunstrad (oberhalb des Polstertaler Teiches). Die Kraftübertragung erfolgte über ein 531 m langes Feldgestänge. Eine zweite Hubkunst wurde 1809 gebaut. Das Kunstrad hierfür lag höher und hatte ein 262 m langes Feldgestänge zur Polsterberger Hubkunst. Die Gestänge wurden 1872 durch Drahtseiltransmissionen ersetzt. Von den Hubkünsten, die man 1909 ,,abwarf", bis zur elektrisch betriebenen Kreiselpumpe war es ein langer Weg des technischen Fortschritts.
Das Polsterberger Hubhaus besaß stets eine ,,Zechenhausgerechtsame". Darunter ist zu verstehen, daß auch der ,,Hutmann" (neben seinem verantwortungsvollen Dienst als Wärter der Pumpe und der Gräben) in seiner Dienstwohnung dasselbe Schankrecht für Gäste erhielt, wie es sonst nur den Zechenhäusern zugestanden war. Noch heute kehren im Polsterberger Hubhaus viele Bewohner des Oberharzes und erholungsuchende Fremde gern ein.
1933 rief Karl Reinecke-Altenau am Polsterberg die Harzfreunde zum alljährlichen Treffen am Pfingstmontag auf. In den Jahren nach dem Zweiten Weltkrieg treffen sich hier beim ,,Polsterberger Pfingst- und Heimattreffen" nicht nur heimattreue Harzer, sondern auch viele dem Harz verbundene Gäste aus nah und fern.

Polstertal (um 1729)

Östlich von Clausthal in Richtung Altenau gelegen.
Das Polstertaler Zechenhaus ist im Jahr 1729 für die in den Polstertaler Pochwerken tätigen Pochjungen errichtet worden. Die vier Polstertaler Pochwerke waren bis Ende des 19. Jahrhunderts in Betrieb. Seit dieser Zeit diente das Zechenhaus auch als Gaststätte. Ab 1969 ist dort ein Campingplatz eingerichtet.

Poststraße (1928)

Im Ortsteil Clausthal Verbindungsstraße von der oberen Erzstraße zur Paul-Ernst-Straße.
Nach dem nahe gelegenen Postamt Clausthal ab 1928 Poststraße benannt.
Ab 1957 Umbenennung zu Ehren von Professor Dr. Lothar Birckenbach in Birckenbachstraße.

Prachtgasse

Auf dem Grundstück des jetzigen Hotels ,,Clausthaler Hof" (Ortsteil Clausthal am Zellbach) standen 3 Wohnhäuser, die man in den zwanziger Jahren des jetzigen Jahrhunderts wegen Baufälligkeit abbrach. Eines davon wurde als typisches Oberharzer ,,Dach-Etagenhaus" im Freigelände des Oberharzer Bergwerks- und Heimatmuseums wieder aufgebaut.

*Ringer Zechenhaus,
um 1660
(nach Daniel Flach).*

Ringstraße mit Sumpfteich, 1979 (Buntenbock).

Zwischen diesen Häusern führte eine schmale Gasse, nach einem Anwohner namens Pracht nun Prachtgasse genannt, zur darüber gelegenen ehemaligen Zigarrenfabrik am Grabenweg.

Prahljust
Campingplatz zwischen Clausthal und Buntenbock, schöne Lage am Wald und Pixhaier Teich.

Pücklinggasse (überliefert)
Im Ortsteil Clausthal hieß die Verbindungsstraße zwischen Rollstraße und Schulstraße (Teilstück jetzt auch Hartlebenweg) im vorigen Jahrhundert offiziell Pücklinggasse.
Eine Namensdeutung ist nicht bekannt. Zu vermuten ist eine Verbindung mit dem hier sehr häufigen Namen Bügling — oder der Hinweis auf eine Verkaufsstelle für geräucherte Heringe (Bücklinge)?

Pulverweg (überliefert)
Am östlichen Stadtrand von Zellerfeld gelegen. Parallelstraße zum Zellweg in Richtung Schulenberger Straße führend.
Der „Pulverfahrweg" verlief von der sog. „Insel" durch die „Abtshöfer Wiesen" nach der Schulenberger Chaussee. Auf diesem Weg wurde das aus Goslar gelieferte Pulver, das man zum Sprengen in den Gruben brauchte, angefahren. Nach strenger Vorschrift durften die Pulverwagen nicht durch die Stadt fahren, sondern mußten an der östlichen Stadtseite (mit Polizeischutz) einen breiten Weg passieren, den man deswegen „Pulverfahrweg" oder „Pulverweg" nannte.
Am Pulverweg liegt die Calvör-Schule (Sonderschule, benannt nach Henning Calvör, 1686 bis 1766, Rektor, Pfarrer, beschreibt das Maschinenwesen. Wissenschaftlich arbeitender Geschichtsschreiber, geistiger Vater der Technischen Universität Clausthal).

Reichenberger Straße (1955)
Im östlichen Zellerfeld gelegen, Neubaugebiet „An den Abtshöfen". Verbindungsstraße zum Zellweg und Pulverweg.
Der Name soll an die nordböhmische Stadt Reichenberg am Oberlauf der Görlitzer Neiße erinnern.

Ringer Zechenhaus
Das unweit des Carler Teiches (westlicher Stadtrand von Zellerfeld) gelegene Ringer Zechenhaus diente schon in der Mitte des 16. Jahrhunderts den Gruben „Weißer Schwan", „Rheinischer Wein" und „Bleifeld", später im gleichen Bereich den Gruben „Regenbogen", „Ring- und Silberschnur" als Zechenhaus.
Der eine Teil dieses Gebäudes wurde eine zeitlang für die Zellerfelder Berginspektion genutzt, bis diese nach Einstellung des Bergbaus Anfang des 20. Jahrhunderts in die Bergfaktorei Zellerfeld (Gelände der alten Zellerfelder Münze, jetzt Kunsthandwerkerhof) verlegt wurde.
Das Ringer Zechenhaus ist vermutlich das älteste Haus in der näheren Umgebung von Zellerfeld. Der Name kommt von der Grube „Ring- und Silberschnur". Auf einem Riß aus dem Jahr 1719 wird es noch als Carler-Zechenhaus bezeichnet. Der Zechenwirt hatte früher einen Bierausschank.
Heute ist das Haus in Privatbesitz.
Unterhalb des Ringer Zechenhauses liegen die Sportanlagen des Turn- und Sportvereins von 1877 Zellerfeld.

Ringstraße (1965)

Im nördlichen Buntenbock mündet der Mittelweg in die Ringstraße, die ringförmig in einer großen Schleife zum Mittelweg zurückführt.
Die ersten Häuser am Sumpfteich (jetzt Ringstraße) baute man im Jahr 1960.
An der Ringstraße liegt das Bugenhagenhaus (Familienfreizeitheim).

Robert-Koch-Straße (1928)

Im Ortsteil Clausthal Parallelstraße zur Bauhofstraße und Altenauer Straße.
Seit 1972 ist die Straße Hinterm Zellbach und die neue Straße zwischen Am Klepperberg und Kurze Straße in den Straßenteil Robert-Koch-Straße mit einbezogen.
Benennung zu Ehren von Professor Dr. med. Robert K o c h , geboren 11. 12. 1843 in Clausthal, verstorben 27. 5. 1910 in Baden-Baden.
Sohn des Bergrats Hermann Koch.
Nach dem Besuch des Clausthaler Gymnasiums und dem Studium der Medizin in Göttingen wurde Robert Koch Arzt in Langenhagen bei Hannover, dann in Rackwitz bei Posen und 1872 Kreisarzt in Wollstein, wo er seine epochemachenden Entdeckungen ausführte, die seinen Namen weltberühmt machten.
Robert Koch ist der Begründer der Bakteriologie, der Entdecker des Milzbrand-, Tuberkel- und Cholerabazillus, erforschte Malaria und Schlafkrankheit.
Das Deutsche Reich überreichte ihm aus Dankbarkeit eine Ehrenspende von 100 000 Mark. 1905 wurde ihm der Nobelpreis zuerkannt.
Seine Vaterstadt Clausthal ernannte ihn 1890 zum Ehrenbürger und schmückte sein Geburtshaus an der Osteröder Straße (jetzt Nr. 13) mit einer Gedenktafel wie auch das Haus am Kronenplatz (jetzt Nr. 12), in dem Robert Koch in seinen Jugendjahren lebte.
Das Clausthaler Gymnasium und das Krankenhaus in Clausthal-Zellerfeld tragen seinen Namen.
Im Gebäude Robert-Koch-Straße 5 befinden sich die Stadtwerke Clausthal-Zellerfeld.

Rohrmanngasse

So nennt der Clausthaler Volksmund (auch Knackstedtgasse) die steile Gasse, die in Verlängerung der Baderstraße von der Sorge auf die Bremerhöhe führt. So genannt nach dem ehemaligen Schlachtermeister Rohrmann, der in der Nähe eine Schlachterei hatte.

Am Rollberg (1980)

Im Ortsteil Clausthal Verbindungsstraße zwischen Rollplatz und Großer Bruch.
Der Name steht in Verbindung mit der Rollstraße, dem Rollplatz und dem alten Rollberger Viertel.

Rollplatz und Rollstraße (überliefert)

Der Rollplatz und die Rollstraße im Ortsteil Clausthal gehörten früher zum Rollberger Stadtviertel. Die Rollstraße hieß 1661 Rolberger Straße.
In dieser Gegend wohnten zahlreiche Fuhrleute. Hier war ein reger Fuhrverkehr. Deswegen der Name nach den Fuhrwerken (die auch sonst mit Rollen in Verbindung gebracht werden) Rollkutscher, Rollgeld . . .
Das Korn aus dem Magazin in Osterode wurde seinerzeit von Kiepenfrauen oder durch Korntreiber mit Esel- oder Pferdekarawanen nach hier gebracht. In Clausthal bestanden damals sog. Ausspanngasthöfe, in denen die Korntreiber mit ihren Tieren übernachten konnten. Der bekannteste dieser Gasthöfe, der „Löwenhof" (abgebrannt 1913), lag beim Rollplatz.

Rollstraße, um 1905.

Rollplatz, um 1910.

Rollplatz, 1982.

Bebauung der Rollstraße nach Bränden in den Jahren von 1634 bis 1661 und erste Bebauung des Rollplatzes von 1661 bis 1680.

Nach der Bebauung 1661 liefen die Schulstraße und die Rollstraße zusammen und bildeten nach der Vereinigung den Rollplatz, der bereits eindeutig von einer Trasse der älteren Harzstraße bestimmt war. Die weitere Bebauung folgte dann dieser Trasse, wodurch die neue Buntenböcker Straße entstand und die Umbenennung der alten Buntenböcker Straße in Sägemüllerstraße veranlaßt wurde.

Heute sind die Rollstraße und der Rollplatz, über die ein starker Verkehr „rollt", wichtige Durchgangsstraßen.

Am Rollplatz liegt das Gerätehaus der Clausthaler Feuerwehr.

Im Haus Rollstraße 36 wurde 1864 der Schriftsteller Otto Erich Hartleben geboren und im Haus Rollstraße 23 wohnte der Dichter Paul Ernst von 1877 bis 1883.

Am Rosenhof (überliefert)

Am westlichen Stadtrand von Clausthal gelegen.

Auf dem Rosenhöfer Erzgang lagen die Gruben „Turmhof" und „Rosenhof", die im Jahr 1600 zur Grube „Turm-Rosenhof" zusammengetan wurden.

„Rosenhof" erinnert an die Rose, nach der manche Grube benannt wurde. Die Rose war der Bergheiligen St. Anna geweiht. Die Grube „St. Anna" war die älteste Grube auf dem Rosenhöfer Zug und schon 1554 in Betrieb.

Die Grube „Turm-Rosenhof" hatte zuletzt eine Teufe von 720 m, sie wurde 1928 stillgelegt.

Hier führte Leibniz im Jahr 1686 seine ersten Versuche durch, um einen vollen Gewichtsausgleich der Förderkette zu erreichen.

Gaipel der Grube „Turm-Rosenhof", um 1905.

Sachsenweg (1974)

Der Sachsenweg, am östlichen Stadtrand von Clausthal, verbindet die Altenauer Straße (gegenüber dem Unteren Pfauenteich) mit dem Gelände, auf dem ehemals die Firma Kost einen Betrieb unterhielt.

Der Name Sachsenweg erinnert daran, daß die Baufirma Bruno Kost nach dem Zweiten Weltkrieg von Sachsen nach Clausthal-Zellerfeld übersiedelte.

Sägemüllerstraße (1675)

Die Sägemüllerstraße in Clausthal, Parallelstraße zur Osteröder Straße, hieß 1670 noch Buntenböcker Straße und wurde erst 1675 als Sägemüllerstraße oder Sägemühlenstraße erwähnt.

Erste Bebauung 1554 bis etwa 1580 und obere Sägemüllerstraße von 1650 bis 1680.

Hinter dem früheren Waisenhaus, das im unteren Teil der Sägemüllerstraße stand, wurde eine Sägemühle betrieben.

Die Darstellung der wiederaufgebauten Stadt aus dem Jahr 1729 läßt einen Übergang zu einer aufgelockerten Bebauung erkennen. Offenbar wollte man auch durch Baulücken zwischen den Häusern die Ausdehnung von Bränden erschweren. Dabei handelte es sich jedoch noch nicht um eine generelle Maßnahme, denn es wurden zwischen 1725 und 1729 auch geschlossene Häuserreihen wiedererrichtet. Erhalten ist ein solcher Straßenzug an der östlichen Seite der unteren Sägemüllerstraße. Durch Erweiterung der Baulücken erfolgte in der zweiten Hälfte des 19. Jahrhunderts der Übergang zu der heute in den Oberharzer Bergstädten allgemein verbreiteten aufgelockerten Bebauung. In Clausthal wurden nach dem Brand von 1844 noch mehrere Häuser aneinandergereiht. Diese Anordnung ist an der Rollstraße, der Schulstraße und der östlichen Seite des oberen Zellbachs erhalten. Nach dem Brand von 1854 durften nur noch freistehende Wohnhäuser errichtet werden. Sie sind an der oberen Osteröder Straße und Sägemüllerstraße erhalten.

Sägemüllerstraße, Schneeräumung 1981.

An der unteren Sägemüllerstraße ließ Berghauptmann von dem Bussche 1718 ein Waisenhaus errichten – ,,weil viele Bergleute jung wegsterben und die Kinder dann in die Pochwerke gehen und ohne Unterricht aufwachsen", aufgelöst 1838.
An der unteren Sägemüllerstraße lag auch die Bürgermädchenschule, abgerissen 1974.
Im Haus Sägemüllerstraße 28 wurde 1727 Johann Friedrich Loewe geboren; bekannt, weil er als erster die Walpurgisnacht auf dem Brocken dichterisch behandelt hat.

Schalker Weg (1966)

Der Schalker Weg liegt im Neubaugebiet an der Schulenberger Straße, im nordöstlichen Zellerfeld, Einmündung in den Pulverweg.
Nördlich vom Schalker Weg liegt die ,,Schalke", der höchste Punkt des Kahleberges, der als Kahleberg-Sandstein das härteste Gestein enthält.
Schalke ist zu deuten mit ,,schal-beke" = leicht anschwellender Bach. Im Oberharz heißen manche Berge nach dem Bach, der in ihrer Nähe entspringt. Groß und Klein Schalck, erste Hälfte des 16. Jahrhunderts, Schalkwasser.

Schalker Weg im Industriegebiet ,,An der Schulenberger Straße", 1981.

Schulstraße, um 1905.

Schützenstraße, Schneebauten-Wettbewerb 1931.

Am Schlagbaum (1929)

Im südlichen Clausthal, Verbindungsstraße von der Osteröder Straße zur Andreasberger Straße. Noch bis zur Mitte des vorigen Jahrhunderts sperrte oberhalb der Osteröder Straße ein Schlagbaum die Landstraße. Hier wurde Zoll oder Wegegeld erhoben. Das ehemalige Zollhaus war zeitweise als Försterwohnung eingerichtet. Hier wurde 1632 Hillefeld von Bastel Löwe erschossen und Clausthal vor einer wahrscheinlichen Plünderung bewahrt.
Die ,,Thiele-Schmiede" (jetzt Am Schlagbaum 20), die ,,Richard-Schmiede" (jetzt Am Schlagbaum 7 und 9) und die ,,Emmel-Schmiede" (jetzt Osteröder Straße 64) sind hier als private Schmieden bekannt gewesen.
Der heutige Clausthaler Schützenplatz hieß früher ,,bei den Scheibenpfählen".

Schorlergasse

Die kleine Gasse neben der Katholischen Kirche in Clausthal, eine Verbindung zwischen der Burgstätter Straße und der Erzstraße, hieß früher Schorlergasse nach einem Anwohner namens Schorler. Zeitweise hieß sie im Volksmund auch Brenneckegasse nach einem Lehrer Brennecke, heute sagt man Pfarrgasse.

Schornsteinfegergasse und Steffensgrund

Der im Ortsteil Clausthal bei der Gaststätte ,,Zur Börse" gelegene Weg um den Neuen Friedhof heißt Schornsteinfegergasse. Im vorigen Jahrhundert standen dort zwei Häuser. In einem wohnte ein Schornsteinfeger und das andere gehörte einem Bürger mit Namen Steffen. Darum hieß das etwas tiefere Gelände ,,Steffensgrund".

Schuhmachbrink

Im Zellerfelder Volksmund wurde früher der zum Brauhausberg führende Brink ,,Schuhmachbrink" nach einem Anwohner mit Namen Schuhmach genannt.

Schulenberger Straße (überliefert)

Die Schulenberger Straße liegt am nördlichen Stadtrand von Zellerfeld und führt von der Goslarschen Straße in Richtung Schulenberg.

Schulstraße (überliefert)

Im Ortsteil Clausthal, Parallelstraße zur Rollstraße.
Der Name erinnert an die erste Clausthaler Schule, die bei der Brandkatastrophe am 20. 9. 1634 mit zerstört wurde. Das Haus baute man wieder auf und nutzte es später als Lehrerwohnung. Die Schule wurde 1724 in die Graupenstraße (jetzt Staatshochbauamt) verlegt. Nach dem großen Brand am 15. 9. 1844 verbreiterte man die Schulstraße und nahm die Häuserfront zurück.
Die Innenstadt von Clausthal (Adolf-Römer-Straße, Rollstraße, Schulstraße, Sägemüllerstraße) zeigt heute eine rechteckige Stadtanlage mit Brandgassen und Schutzräumen gegen Funkenflug. Der Volksmund nannte die Schulstraße auch Akademiestraße. Von 1933 bis 1945 war sie in Göringstraße umbenannt.

Schützengasse (1952)

Im Ortsteil Clausthal heißt der Verbindungsweg oberhalb der Sägemüllerstraße zur Straße Am Schlagbaum und in Richtung zum Clausthaler Schützenplatz seit 1952 Schützengasse. Bis dahin hieß sie im Volksmund Dietrichgasse.

Die Fachklinik „Am Hasenbach", um 1975. Im Hintergrund der Campingplatz „Prahljust" und die Pixhaier Mühle.

Sorge, um 1902. Der größte Teil der hier abgebildeten Häuser wurde am 7. 4. 1945 durch einen Luftangriff zerstört.

Schützengasse

In Zellerfeld nennt der Volksmund die Verbindung zwischen Treuerstraße und Schützenstraße (nahe dem alten Schützenhaus) Schützengasse.

Schützenplatz (überliefert)

Die Zellerfelder Schützenfeste wurden bis 1933 auf dem Platz vor dem jetzigen Altersheim ,,Hotel Schützenhaus" abgehalten.
Heute ist der Schützenplatz am Ortsausgang in Richtung Goslar.

Schützenstraße (nach 1672)

Die Schützenstraße in Zellerfeld, eine Parallelstraße zur Treuerstraße, hat ihren Namen von den Schützen, obwohl das Zellerfelder Schützenhaus nicht an dieser Stelle lag.
Die Schützenstraße ist erst nach dem Brand von 1672 angelegt und bebaut worden. Bis dahin bildete die Treuerstraße die nordwestliche Stadtgrenze von Zellerfeld.
Früher hieß die Schützenstraße im Volksmund auch Hinterstraße.

Schwarzenbacher Straße (1929)

Die Straße liegt im südlichen Clausthal (früher Schwarzenbachstraße) und führt ab der Straße Am Schlagbaum in Richtung Ortsteil Buntenbock. Anfang des vorigen Jahrhunderts auch ,,Viehtrift" genannt.
Der Name weist auf den Schwarzenbacher Teich und den ihm zufließenden Schwarzenbach hin. Die Wasser des Schwarzenbachs kommen aus einer bruchigen Gegend und führen Moorwasser, daher der Name.
Die Bäche erhielten ihren Namen oft von Farbe, Größe, Tälern, Besonderheiten ihrer Lage, Baumbestand, Tieren und historischen Verhältnissen.
Der Schwarzenbacher Teich wurde 1611/14 angelegt.
An der Schwarzenbacher Straße liegt die Kurklinik ,,Am Hasenbach" (früher Heilstätte ,,Schwarzenbach").

Seidels-Grund

Das Gelände des jetzigen Kurparks im Stadtteil Zellerfeld, 1957 angelegt, wurde im 16. Jahrhundert von Herzog Heinrich dem Jüngeren seinem verdienstvollen Bergmeister Wolf Seidel zum Geschenk gemacht und seitdem ,,Seidels-Grund" oder ,,Wolf Seidels-Grund" genannt.

Seilerstraße (1928)

Diese Straße im Stadtteil Clausthal stellt die Verbindung her zwischen dem Großen Bruch und der Rollstraße/Schulstraße (Einmündung Neuer Friedhof).
Die Seilerstraße wurde vor 1928 mit als Großer Bruch bezeichnet.
Mit der jetzigen Straßenbezeichnung soll an eine Seilerei erinnert werden, die hier vor Jahrzehnten von der Familie Kammeier betrieben wurde.
An der Seilerstraße befindet sich die Clausthaler Begegnungsstätte (Evangelisch-Methodistische Kirche).

Siebensternweg (1981)

Neubaugebiet ,,Eschenbacher Teiche". Verbindung zum Fingerhutweg und zur Straße An den Eschenbacher Teichen.
Siebensternweg = Motivgruppe der Pflanzen.

Silberstraße, um 1905.

Silberstraße, 1978.

Silbernaal (1928)

Das Wohngebiet Silbernaal liegt westlich von Clausthal.
Der Name „Silbernaal" soll von den Silbererzen kommen, die einst im Innerste-Gebiet gewonnen wurden. Die Sage fügt hinzu, daß Bergmänner eine mächtige Silberader entdeckten, die sich wie ein großer „silberner Aal" durch das Gestein schlängelte. Die dort gelegene Grube hieß aber früher „Silberner Nagel". Es ist anzunehmen, daß sich Nagel mundartlich in Naal verwandelte und daraus dann „Silbernaal" wurde.
Die Grube „Silberner Nagel" wurde 1570 in Betrieb genommen, von 1577 bis 1680 als Grube „Haus Braunschweig" und von 1681 bis 1733 als Grube „Altes Haus Braunschweig" weitergebaut. 1819 wurde der Betrieb als Grube „Bergwerkswohlfahrt" erneut aufgenommen und 1829 ein neuer Schacht abgeteuft. Der von 9 Betriebspunkten aus gleichzeitig in Angriff genommene Schacht war bereits 1834 vollendet und erhielt nach dem Berghauptmann von Meding den Namen „Medingschacht". Die Erzförderung auf der „Zeh" (so von den Bergleuten genannt) wurde 1954 eingestellt, bis 1967 verblieb das Kraftwerk.
Seit 1954 ist auf dem Gelände der Schachtanlage ein Holzplatz eingerichtet.

Am Silbersegen (1959)

Im nördlichen Clausthal, im Neubaugebiet „Bremerhöhe", liegt die Straße Am Silbersegen, sie verbindet den Bremerstieg mit der Berliner Straße.
Der Name weist auf die Grube „Silbersegen" hin, die zum Rosenhöfer Erzgang gehörte. Die Grube, 1703 in den Bergzettel aufgenommen, machte ihrem Namen Ehre, denn sie spendete reichen Segen an Silber. Sie erhielt 1817 einen senkrechten Richtschacht, darin wurden 1830 die ersten Wassersäulenmaschinen eingebaut. Zuletzt diente der Silbersegener Schacht nur noch als Wetterschacht.
Die Grube „Silbersegen" lag unmittelbar an der Bundesstraße 242, etwa auf dem Gelände, wo sich heute der Übungsplatz des Schäferhunde-Vereins befindet.

Silberstraße (überliefert)

Die Silberstraße in Clausthal hieß zeitweise auch Marktstraße. Ab 1928 wieder Umbenennung von Marktstraße in Silberstraße, weil es in Zellerfeld auch eine Marktstraße gab.
Sie hat ihren Namen von den Silberbarren, die früher von der Clausthaler und Lautenthaler Hütte mit Fuhrwagen dem Zehntgebäude und der Münze an der Osteröder Straße zugeführt wurden.
Bebauung nach Bränden in den Jahren von 1634 bis 1661.

Am Sonnenhang (1964)

Ortsteil Clausthal, im Neubaugebiet „Bremerhöhe", Nebenstraße der Berliner Straße.
Der Name weist im Gegensatz zum Nordhang auf den klimatisch geschützteren Südhang hin.

Sonnenweg (1961)

Straße im nördlichen Zellerfeld, zur Schulenberger Straße führend.
Der Name erinnert an die Gastwirtschaft „Sonne", die ab 1916 für einige Zeit in einem der letzten Häuser an der Goslarschen Straße (früher Haus-Nr. 489) unterhalten wurde.

Sorge (überliefert)

Die Straße Sorge führt von der Windmühlenstraße zum Rosenhof. Die Sorge war früher die äußerste Straße am westlichen Stradtrand von Clausthal.
Von den Gruben auf dem Burgstätter Hauptgang mußte das Erz nach den Pochwerken im Tal

Neubauten an den Spittelwiesen, um 1930.

Spittelwiesen, um 1960.

transportiert werden. Wegen des feuchten Untergrunds in der Nähe des Clausbachs und des Sorger Teiches bevorzugte man deshalb Trassen, die über die Bremerhöhe oder an deren Südhang entlangführten.
Mit der Bebauung eines Erzweges – Straße Sorge – begann man etwa von 1580 bis 1606.
Die Entfernung zwischen den Gruben auf dem Burgstätter Hauptgang und den Rosenhöfer Betriebsstätten führte in Clausthal zur Entstehung einer langgezogenen Siedlungsfläche, die erst durch das starke Wachstum eine geschlossene Form bekam.
Der Name Sorge ist verwandt mit Zarge, d. h. Seiteneinfassung, Rand oder Rahmen, wird aber auch abgeleitet von dem altslawischen Wort Zroh, was Bachgerinnsel bedeutet. Den slawischen Namen werden die im 16. Jahrhundert aus dem sächsischen Erzgebirge eingewanderten Bergleute mitgebracht haben.

Spiegelthaler Straße (überliefert)

Im Ortsteil Zellerfeld Verbindung vom Zellweg in Richtung Feriendorf „Waldweben".
1981 auch das Teilstück (ab Kreuzung Schützenstraße) Spiegelthaler Straße benannt, das bis dahin im Außenbereich als Johanneser Straße bezeichnet wurde.
Die Spiegelthaler Straße ist sehr alt und weist mit ihrem Namen auf das „Spiegeltal" hin. Der bis zur Goslarschen Straße reichende Straßenteil wurde früher im Volksmund „Gottesackermauer" genannt, weil er nahe am Friedhof lag.
Das Spiegeltal, so wird vermutet, hat seinen Namen vom „Spiegelbarch", der jetzt Eselsberg heißt. 1301 ist der „Spiegelberg" beurkundet; er soll sich aus „specula" = Warte, Ausblick herleiten.

Spital-Gasse

Die Graupenstraße in Clausthal hieß 1704 offiziell Spital-Gasse. Benannt nach dem Clausthaler Spital, das auf dem Alten Gottesacker stand und 1844 zusammen mit der Gottesacker-Kirche abbrannte.

Spittelgasse

Der obere Teil des alten Zellwegs in Zellerfeld hat Ende des 16. Jahrhunderts Spittelgasse geheißen. Nördlich des Zellwegs befand sich ein Spital.

An den Spittelwiesen (1928 bis 1933)

Im Ortsteil Clausthal Verbindungsstraße von der Erzstraße zur Straße Am Klepperberg. Ab 1933 in Paul-Ernst-Straße umbenannt.
Die Spittelwiesen, die nordwestlich der Aula der Technischen Universität liegen und heute parkähnlich hergerichtet sind, haben ihren Namen nach dem alten Spittel, Spital, Hospital, das am Eingang vom Alten Gottesacker stand und bei der großen Feuersbrunst 1844 abbrannte.
1580 schenkte der Clausthaler Bürger Andreas Fornefedt seine „Wiese auf der Burgstätte" dem Hospital mit der Bedingung, daß der Ertrag den armen Leuten zugute käme. So ist daraus eine Spittelwiese geworden, deren Name sich später auf das ganze anliegende Gelände übertrug. Die Spittelwiese blieb im Besitz der Kirche, der das Spital gehörte. Die Wiese wurde 1924 im Tausch gegen eine andere Wiese abgegeben.

Stettiner Straße (1956)

Im südlichen Clausthal gelegen, Verbindungsstraße zwischen Großer Bruch und Am Schlagbaum. Der Name erinnert an Stettin, die ehemalige Hansestadt und Hauptstadt von Pommern.

Stettiner Straße. Johannistag und Straßenfest 1981.

Tannenhöhe, 1963.

Tannenhöhe (1951)

Die Straße Tannenhöhe, im östlichen Ortsteil Clausthal, schließt in der Nähe der ,,Oberharz-Kaserne" an die Breslauer Straße an.
Der Name sagt aus, daß früher in dieser etwas höher gelegenen Gegend dichter Waldbestand zu finden war.

Teichdamm (überliefert)

Ortsteil Clausthal, Straßenverbindung zwischen Sorge und Zehntnerstraße.
Der Sorger Teich – an ihn erinnert die Straße Teichdamm – ist vermutlich bereits im 16. Jahrhundert angelegt worden. Von ihm erhielten die Gruben des darunter liegenden Bergbaureviers ihre Betriebswasser. Er war einer der ältesten Bergwerksteiche des Oberharzes. Die Bergstadt Clausthal nutzte ihn auch als Feuerteich. Seine direkten Zuflüsse kamen aus der Gegend der jetzigen Mäverstraße, vom ,,Bruch" und aus der sog. ,,Grund". Begrenzt war der Teich von der Silberstraße, der Münze, dem Zehnten und dem Zipfel.
In den älteren Akten wird der Sorger Teich auch ,,Rosenhöfer Teich" genannt und der Sorger Graben wird als ,,Herrenhofsgraben" bezeichnet.
Der Sorger Teich ist von jeher ein Sorgenkind gewesen. In kurzer Zeit verschlammte er durch eingeleitete Abwässer des Rollberger und Neustädter Viertels sowie der oberen Sorge. Auch verendetes Groß- und Kleinvieh und sonstiges Gerümpel warf man in den Teich. Die Kosten für die Räumungsarbeiten, 1664 auf 1000 Gulden veranschlagt, stiegen immer höher. Daher empfahl die Berghauptmannschaft im Jahr 1807, ,,den Sorger Teich trocken zu legen und Interessenten als Gartenland zur Verfügung zu stellen, denn der Teich sey als Bergwerksteich nicht mehr nutzbar".

Teichdamm und Sorge, um 1930.

Terrasse mit St. Salvatoriskirche, um 1960.

Der Thomas-Merten-Platz, früher Marktplatz, um 1905.

Teichstraße (überliefert)

Im Ortsteil Zellerfeld Verbindungsstraße zwischen Carl-Peters-Straße und Bergstraße.
Die Straße hat ihren Namen von einem Teich, der unterhalb des Grundstücks Teichstraße 2 (Moeller) gelegen hat. Auf diesem Gelände wurde die Grube „Haus Zelle" mit verschiedenen Namensänderungen von 1538 bis 1817 betrieben.
Es wird angenommen, daß man den Teich spätestens beim Bau der „Neuen Chaussee" im Jahr 1856 zuschüttete.

Terrasse (ab 1792)

Der große parkähnliche Platz mit den vielen schönen Bäumen, unterhalb der St.-Salvatoris-Kirche in Zellerfeld gelegen und allgemein „Terrasse" genannt, ist ab 1792 nach einem Plan des Berghauptmanns von Trebra gestaltet worden. – „... der niemandem als der Hunde und unserer Fleischer Hammel als Aufenthalt diene, zum Vergnügen der Stadt und seiner Einwohner mit Bäumen zu bepflanzen und aus demselben Terrassen zu Spaziergängen anzulegen".
F. W. H. von Trebra war von 1779 bis 1791 Vice-Berghauptmann in Zellerfeld und von 1791 bis 1796 Berghauptmann in Clausthal.
J. W. von Goethe, mit dem er befreundet war, hat ihn mehrmals in Zellerfeld besucht. Sie betrieben gemeinsam mineralogische und geologische Studien.
Die Terrasse in Zellerfeld wurde von 1933 bis 1945 in „Hitler-Terrasse" umbenannt. Sollte man sie heute nicht unwiderruflich „Trebra-Terrasse" benennen?

Thomas-Merten-Platz (1929)

Im Zentrum Zellerfelds gelegen, früher auch Marktplatz benannt. Umbenennung im Jahr 1929 zu Ehren von Thomas M e r t e n , Zellerfelder Volksheld.
Thomas Merten war Geschworener, Stadthauptmann und Fähnrich der Bergstadt Zellerfeld. Im März 1626 ist er bei der Verteidigung Zellerfelds gegen Tillys Truppen nach tapferem Widerstand gefallen.

An der Tillyschanze (1959)

Im Ortsteil Clausthal, Verbindungsstraße zwischen L'Aigler Platz (vor dem Robert-Koch-Krankenhaus) und Berliner Straße.
Johann Graf von Tilly, geboren 1559, verstorben 1632. Feldherr der Katholischen Liga im Dreißigjährigen Krieg.
Beim Kampf gegen die Bergstadt Zellerfeld ließ Tilly 1626 hier auf der Bremerhöhe Schanzen anlegen.
Dazu schreibt F. Günther: Die vielfach verbreitete Ansicht, daß Zellerfeld von diesen Schanzen aus beschossen sei, ist irrig. Bei der Einnahme von Zellerfeld sind Geschütze überhaupt nicht zur Verwendung gekommen. Zudem trugen die damaligen Feldgeschütze nur etwa 500 Schritt weit. Jene Schanzen sind nur zum Schutz Clausthals angelegt und hatten ihre Stärke hauptsächlich in den beiden großen in Kamschlacken gegossenen Geschützen.

Tollegasse

Den oberen Teil der Straße Großer Bruch, zur Buntenböcker Straße gelegen, nannte der Volksmund in früheren Jahren Tollegasse. Benannt nach einem Schlachtermeister Tolle, der dort wohnte.

Winterfreuden an der Tillyschanze, um 1905.

An der Tillyschanze, 1965.

Treuerzipfel, um 1900.

Treuerstraße (überliefert)

Im Ortsteil Zellerfeld gelegen. Einmündung in den Fußweg entlang des Eulenspiegler Teiches bis zur Einmündung in den Weg zur Bockswieser Höhe.
Die Grube „Treue", nach der die Treuerstraße ihren Namen hat, war in Betrieb von 1548 bis 1746 (Teufe 354 m) und eine der ältesten Gruben Zellerfelds. Sie lag am südlichen Ende der Treuerstraße.
Das Hauptverdienst um die Wiederbelebung des Oberharzer Bergbaus nach seiner Auflassung im 14. Jahrhundert (Unsicherheit der Zeit, Pest) hatte Herzog Heinrich der Jüngere von Wolfenbüttel. Anfang des 16. Jahrhunderts ließ er die Halden und Pingen des „Alten Mannes" (mittelalterlicher Bergmann) untersuchen und dehnte den Bergbau bald auf die Bleierzgänge von Zellerfeld und Wildemann aus. Die Gruben des „Alten Mannes" erreichten nur Tiefen bis ca. 20 m.
Das Eckhaus Treuerstraße 6 gehörte dem Superintendenten Caspar Calvör, Stifter der berühmten Calvörschen Bibliothek. In diesem Haus lebte von 1694 bis 1698 Georg Philipp Telemann als Schüler von Caspar Calvör.

Treuerzipfel (überliefert)

Die im Ortsteil Zellerfeld in der Nähe der ehemaligen Grube „Treue" liegende Häusergruppe wurde bereits 1670 als Treuerzipfel bezeichnet.
Im Zellerfelder Volksmund wird der Treuerzipfel auch „Loch" genannt. Treuerzipfel ist als Anhängsel der Treuerstraße zu deuten.
Im Treuerzipfel sind die ungeordneten Siedlungszellen des ersten Zellerfelder Grundrisses erhalten geblieben.
Die Verbindungsstraße zwischen Treuerzipfel und Treuerstraße wurde 1873 als „Hinter der Mauer" bezeichnet.

An der Trift (Buntenbock), 1981.

Am Turmhof, 1969.

An der Trift (1968)

Im Ortsteil Buntenbock schließt der Mittelweg südlich zur Straße An der Trift an.
Es ist die alte „Kuhtrift", auf der in früheren Jahren die Kuhherde in den Wald getrieben wurde. 1885 hatte Buntenbock eine Herde mit 204 Kühen. Im Jahr 1969 erfolgte der letzte Kuhaustrieb.
An der Trift liegt das Hildesheimer Haus (Kindererholungsheim).

Am Turmhof (1964)

Im westlichen Clausthal, Neubaugebiet „Bremerhöhe", Nebenstraße der Berliner Straße.
Die alten Gruben „Turmhof" und „Rosenhof" gehörten zum Rosenhöfer Erzgang. Im Jahr 1600 legte man sie zur Grube „Turm-Rosenhof" zusammen. Den Namen „Turmhof" hatten die zugewanderten Bergleute aus Freiberg mitgebracht, wo die gleichnamige Grube im 16. Jahrhundert in reicher Ausbeute stand.
Die Clausthaler Grube „Turm-Rosenhof" wurde 1928 stillgelegt.

Uhde-Platz

Die freie Fläche vor dem Haus Mäverstraße 1 nennt der Clausthaler Volksmund Uhde-Platz nach Bäckermeister Uhde, der früher dort wohnte.

Villa Julia

Haus westlich von Zellerfeld gelegen, Richtung Wildemann.
1890 erbaute Wilhelm Gergs das „Johanneser Kurhaus" (abgerissen 1967). Das in der Nähe stehende Haus, das ihm gleichfalls gehörte, nannte er nach seiner Ehefrau „Villa Julia".

Voigtslust (überliefert)

Am Unteren Haus-Herzberger Teich, östlich von Clausthal gelegen.
Johann Georg Christoph V o i g t , geboren 1765 in St. Andreasberg, verstorben 1828.
Der Friseur J. G. C. Voigt richtete 1817 „Am Treppenberge" eine kleine Waldwirtschaft ein, die später nach ihm „Voigtslust" benannt wurde. 1818 erscheint vorübergehend auch der Name „Irrgarten" und 1882 „Jägerslust".
Vor dem Ersten Weltkrieg wurde das vornehme Kurhaus „Voigtslust" mit großem Komfort angepriesen. Das Haus stand im gesellschaftlichen Mittelpunkt der Stadt.
Der Zweite Weltkrieg brachte den Niedergang dieses einst so bekannten Kurhauses. Zunächst Umsiedlungslager, dann vorübergehend Reservelazarett und ungarisches Lazarett, wurde es 1948 vom Deutschen Roten Kreuz als Kinderheim übernommen. 1968 erwarb das Stephansstift das Haus und baute es mit großem Kostenaufwand zum „Oberharzer Jungenheim" um.

Vollbrechtgasse

Im vorigen Jahrhundert volksmundliche Bezeichnung für die Verbindung zwischen der oberen Sägemüllerstraße und dem Marienburger Weg. So genannt nach einem Bergfuhrherrn Vollbrecht. Danach auch Märtengasse genannt.

Am Waldseebad (1962)

Östlicher Ortsteil von Clausthal, Neubaugebiet „Oberer Haus-Herzberger Teich", Verbindung zwischen Breslauer Straße und Mönchstalweg.
Der Name weist hin auf das schöne „Waldseebad", die öffentliche Badeanstalt der Bergstadt Clausthal-Zellerfeld im Oberen Haus-Herzberger Teich, wo seit über 150 Jahren „Baden mit Aufsicht" gestattet ist.

Johanneser Kurhaus, um 1930.

Kurhaus Voigtslust, um 1898.

Neubauten an der Straße Am Waldseebad, 1963.

Professor Dr. Walther Nernst.

Blick auf „de Grund", 1894. Im Hintergrund, auf der Bremerhöhe, die Windmühle.

Waldweben (1958)
Westlich von Zellerfeld (Richtung Johanneser). Gut besuchtes Feriendorf in wunderschöner Lage, nahe dem Wald und an den Zechenteichen.

Walther-Nernst-Straße (1975)
Im östlichen Clausthal, Neubau- und Hochschulgebiet „Am Feldgraben".
Staßenbenennung zu Ehren von Professor Dr. Walther N e r n s t , geboren 25. 6. 1864 in Briesen, verstorben 8. 11. 1941 auf Gut Zibelle bei Muskau (Nieder-Lausitz).
Professor Dr. Nernst war einer der bedeutendsten Physiko-Chemiker am Beginn des 20. Jahrhunderts. Er erhielt 1920 den Nobelpreis für Chemie für die Aufstellung seines Wärmesatzes. Professor Dr. Nernst ist Mitbegründer der physikalischen Chemie. Er begründete die Theorie der galvanischen Stromerzeugung, befaßte sich mit der Theorie der Diffusion in elektrolytischen Lösungen, formulierte den dritten Hauptsatz der Wärmelehre, führte Untersuchungen über die elektrische Leitfähigkeit erhitzter Metalloxyde durch, entwickelte den nach ihm benannten Nernstbrenner (Nernst-Lampe) und schuf das Nernstsche Reizschwellengesetz.

Am Wasserturm (1957)
Straße im südlichen Clausthal. Verbindung zwischen Stettiner Straße und Hasenbacher Straße. Sie hat ihren Namen nach dem in der Nähe liegenden Wasserturm, den der Magistrat 1926 erbauen ließ. Der hochgelegene Wasserturm mit Wasserbehälter bewirkt einen konstanten Druck im Wassernetz.

Im Wiesengrunde (1964)
Im Ortsteil Clausthal, Einmündung in die Mühlenstraße.
In dieser Gegend, der Volksmund sagt „de Grund", lagen satte und ertragreiche Wiesen.
Um 1870 wurden im Oberharz etwa 3000 Stück Rindvieh vor allem von Bergleuten gehalten. Das Einkommen aus dieser Viehhaltung war für den Bergmann ebenso hoch einzuschätzen wie sein Einkommen aus der bergmännischen Berufsarbeit.

Windgaipeler Halde (1970)
Hausgrundstück westlich von Zellerfeld, Richtung Wildemann.
Grube „Windgaipel" in Betrieb von 1572 bis 1737. Hier fanden auf Veranlassung des Berghauptmanns von Löhneysen Anfang des 17. Jahrhunderts Versuche statt, die Windkraft für den Antrieb der Fördereinrichtungen im Bergbau nutzbar zu machen.
In der Nähe der Gruben, Schächte, Pochwerke und Hüttenwerke wurde die Landschaft dadurch verändert, daß man den Abraum an Gestein, Schlacken und Pochsand zu Halden aufschüttete. Die meisten dieser Halden sind im Laufe der Jahrzehnte und Jahrhunderte wieder mit Baumwuchs bedeckt. Die in den Halden verbliebenen Rückstände verhinderten oft einen Pflanzenwuchs, so entwickelte sich eine eigenartige Haldenflora.

Windmühlenstraße (überliefert)
Im Ortsteil Clausthal, Verbindungsstraße vom Kronenplatz/Adolf-Römer-Straße zur Bremerhöhe.
Jahrhundertelang, bis zum Jahr 1916, stand auf der Bremerhöhe eine Windmühle. Das Wahrzeichen der Bergstadt Clausthal und des ganzen Oberharzes.
Es war ursprünglich eine sog. Bockmühle, die bereits 1606 verzeichnet ist. Sie wird im 16. Jahrhundert, bald nach der Erbauung von Clausthal, auf der Bremerhöhe errichtet sein. Sie war be-

Wasserturm, 1957.

Windmühlenstraße, um 1908.

Zehntnerstraße, 1963.

Zellbach, um 1906.

sonders wichtig für die Brotversorgung, denn zuweilen trat im Oberharz Wassermangel ein, so daß dann die Wassermühlen nicht mahlen konnten.

Der Abriß der Windmühle auf der Bremerhöhe wird noch heute von vielen Oberharzern bedauert.

Zehntnerstraße (überliefert)

Die Zehntnerstraße in Clausthal, früher auch Zehntstraße genannt, verbindet die Mühlenstraße mit der Osteröder Straße.

Die untere Zehntnerstraße wurde nach 1554 gebaut, die obere nach Bränden in den Jahren von 1634 bis 1661.

Die Zehntnerstraße ist benannt nach dem „Zehntgebäude" auf dem Eckgrundstück an der Osteröder Straße, das im Jahr 1728 erbaut wurde. In diesem Gebäude befand sich bis zum Jahr 1867 die Clausthaler Zehntkasse, an die von den Gewerken der zehnte Teil des ausgebrachten Silbers und Bleis entrichtet werden mußte. Die Zehntkasse wurde vom „Zehntner" verwaltet, dem ranghöchsten Bergbeamten nach dem Berghauptmann, der in diesem Gebäude seine Dienstwohnung hatte.

Nach 1867 war dort bis 1907 die Oberbergamtskasse untergebracht. Bis 1968 befanden sich im ehemaligen Zehntgebäude Dienstwohnungen des Oberbergamts.

Das Gebäude gehört jetzt zum Institut für Steine und Erden der Technischen Universität Clausthal.

Zellbach (überliefert)

Zellbach heißt die Verbindungsstraße zwischen Clausthal und Zellerfeld nach dem gleichnamigen Flüßchen.

Die erste Bebauung am unteren Straßenteil Zellbach erfolgte etwa von 1580 bis 1606. Der obere Zellbach wurde von 1681 bis 1690 erbaut.

Der obere steile Straßenteil (Loge bis Ratsapotheke) hieß 1729 offiziell Klepperberg, den unteren Teil (vor Fa. Fiekert) nannte man Hühnerbrink.

Infolge reicher Erzvorkommen und der Möglichkeit, den Bach aufzustauen, entstand um 1200 die mittelalterliche Siedlung „Cella". Der Name kommt von „Tzellawater", später Zellbach. „Cella" ist vermutlich nicht aus dem Lateinischen abzuleiten, sondern könnte eine Verbindung haben zu dem altgermanischen Wort „kelu", „kelle" = fischreiche Bucht oder sumpfiges Gewässer. Es bezeichnete ursprünglich den Bach, der heute zwischen den Ortsteilen Clausthal und Zellerfeld fließt und jetzt noch den Namen Zellbach trägt.

Das nördlich dieses Baches gelegene Kloster wurde danach St. Matthias in Cella oder kurz „Cella" genannt.

Die Quellbäche des Baches (1227 Horbeke, 1301 Hornbeke, im 16. Jahrhundert Horpke, Horweck genannt) sind in der Talmulde zu suchen, wo heute der Hirschler Teich und die Pfauenteiche liegen. Der Hornbach (Sumpfbach) verschwand fast aus dem Gesichtsfeld und aus der Erinnerung. Nur der Unterlauf, der 1529 „dat Tzellawater", 1531 „die Zcell" und 1534 mit „Zellbach" überliefert ist, hat seinen Namen bewahrt. Im 17. Jahrhundert wird er Zollbach und auch der „Große Zellbach" genannt im Unterschied zu dem hinter dem Zellerfelder Friedhof herabfließenden kleinen Bach.

Der Bach (Hornbach, Horbach, Zellbach) durchfließt das ganze Burgstätter Revier und heißt von der Einmündung des Zellbachs in der Nähe der ehemaligen Brauerei Zellerfeld bis zum Gebiet der ehemaligen Bleihütte Clausthal und dem Zufluß zur Innerste jetzt allgemein Zellbach. Zeitweise sah man in diesem Bach den Hauptbach und in der Innerste den Nebenbach.

An der Straße Zellbach liegt die Hauptgeschäftsstelle der Kreissparkasse und das Altersheim des Deutschen Roten Kreuzes.

Zellbach, 1982.

Zellweg, um 1895. Im Vordergrund die Schule Zellerfeld.

Kurhaus „Harz-Ziegelhütte", um 1905.

Zellweg (überliefert)
Im Ortsteil Zellerfeld, Verbindung von der Teichstraße und Einmündung in den Pulverweg.
Der Zellweg ist die älteste Straße Zellerfelds. Der Name ist abgeleitet vom Zellbach und dem Kloster St. Matthias in Cella.
1531 vereinbarte man zwischen Wolfenbüttel und Grubenhagen eine neue Grenze; sie verlief von Frankenscharrnhütte – Zellbach – Zellweg – Wegesmühle – weiter in Richtung Dietrichsberg.
Ende des 16. Jahrhunderts hat der obere Teil des alten Zellwegs nach dem nördlich gelegenen Hospital auch Spittelgasse geheißen.
In Zellerfeld sind nur wenige Häuser vorhanden, die kurz nach dem großen Brand von 1672 errichtet worden sind. 12 Häuser befinden sich noch hier am Zellweg.
An der Ecke Brauhausberg liegt die Grundschule Zellerfeld. In diesem Haus befand sich bis 1833 die älteste Lateinschule des Oberharzes. Sie wurde 1674 auf den Grundmauern der 1572 erbauten ersten und 1672 beim großen Stadtbrand zerstörten Schule errichtet.

An der Ziegelhütte (überliefert)
Dieser Teil hat keine direkte Straßenverbindung mit dem Ortsteil Buntenbock.
Die ,,Harz-Ziegelhütte" (Clausthaler Ziegelhütte) am Übergang der ,,Chaussee" über die Innerste ist im Jahr 1673 erbaut und wurde 1679 wieder aufgelassen, weil die aus dem Lehm des oberen Innerstetales gebauten Ziegel zu schlecht waren.
Vorher lag an dieser Stelle eine Aschehütte. Das Aschebrennen stand im Zusammenhang mit dem Schmelzen der Erze, Silberabtreiben, dem Seifensieden usw.
Da die Ziegelhütte unmittelbar an der alten ,,Heerstraße" Goslar–Osterode lag, entstand hier vor 1700 ein ,,Ziegelkrug", aus dem sich das Gasthaus ,,Prinzenteich" entwickelte. Das Haus lag jedoch früher an der anderen Seite der ,,Chaussee".
Das Kurhaus ,,Harz-Ziegelhütte", hier um 1900 eingerichtet, brannte 1921 ab.
Unter dem Schwarzenbacher Teich war um 1800 auch eine Ziegelbrennerei. Noch heute heißt dort ein Waldstück ,,Die Brennerei". Im Zusammenhang mit der ,,Chaussee", die an der Ziegelhütte vorbeiführt, sei noch erwähnt, daß vor dem Chausseebau im 19. Jahrhundert die vom Harzrand auf den Harz führenden Straßen so schwer zu befahren waren, daß selbst Transporte für den Bedarf der Gruben und Hütten vorzugsweise im Winter mit Schlitten durchgeführt wurden. Der Fuhrverkehr beschränkte sich im wesentlichen auf den Harz selbst. Den Güterverkehr zwischen dem Harzrand und dem Harz versahen zumeist Eselkarawanen.

Am Ziegenberg (1968)
Die Ferienhäuser ,,Harzerland" liegen östlich von Buntenbock am Fuß des Ziegenberges. Die Häuser sind ab 1959 erbaut und durch die Straße Am Ziegenberg mit dem Ortsteil Buntenbock verbunden. Die Ziegenbugeswische am Ziegenberg wird bereits in früheren Jahrhunderten als Ziegenweide erwähnt.

Ziegengasse
So nennt der Zellerfelder Volksmund die Gasse, die vom Brauhausberg zwischen dem ,,Lehrer-Haus" und dem ,,Langer-Haus" nach den Abtshöfer Wiesen führt.
Im 16. Jahrhundert versammelten sich die zahlreichen Ziegen der Stadt Zellerfeld auf dem sog. ,,Herrenhof". Später stand hier die Bergbrauerei Zellerfeld. Von hier wurden die Ziegen durch die Ziegengasse auf die Wiesen getrieben.

Zimmermannsweg

Früher führte dieser Weg von Buntenbock durch das sog. Buntenböcker Gehölz zum Clausthaler Schützenplatz.
Den Namen hat dieser Weg von den in Buntenbock wohnenden Zimmerleuten erhalten, die ihn als Weg benutzten, um zu ihren bergbaulichen Betrieben in Clausthal zu kommen.

Zipfel (überliefert)

Der Name ,,Zipfel,, ist als Anhängsel zu deuten. Die Straße liegt am westlichen Stadtausgang von Clausthal, von der Zehntnerstraße in Richtung Rosenhof führend.
Der ,,Zippel" ist mit als älteste Clausthaler Siedlungszelle anzusehen. Erste Bebauung etwa ab 1544 bis 1554.
Im Tal des Clausbachs, der in westlicher Richtung dem Zellbach zufließt, wurde der Bergbau mit der Grube ,,St. Anna" aufgenommen. Diese Grube hatte man als Stollen an einer Stelle angesetzt, an der im Kerbtal des unteren Clausbachs ein Erzgang erschürft war. Ein paar hundert Meter oberhalb davon kreuzte die Harzstraße das Muldental des oberen Clausbaches. Dort lag die Wegsklause (mit Heiligenbild), die man zum Schutz der Wanderer errichtet hatte. Sie stand in der Nähe des ehemaligen Rosenhöfer Zechenhauses an der Straße von Goslar nach Osterode. Diese führte, von der Bremerhöhe kommend, durch das Tal und von dort hinter der Mühlenstraße und der Osteröder Straße auf die Höhe und über die Scheibenkreuze und die Buntenböcker Trift weiter in Richtung Buntenbock.
Die ersten Wohnhäuser in diesem Gebiet müssen im unteren Teil des Muldentales, oberhalb der Grube ,,St. Anna" entstanden sein, wo noch heute im Zipfel die ungeregelte Stellung der Häuser zu erkennen ist.
Clausthal genannt um 1500 ,,de cluvigesdale", 1545 ,,dat Klusdal" und in der Bergfreiheit von 1554 wird die Niederlassung bezeichnet als die freie Bergstadt ,,auf dem Clausberge in und an den Clausthälern". Die Benennung nach dem Tal hat sich dann für den neuen Ort durchgesetzt. Der Name des Clausbergs ist verschwunden. Vermutlich ist damit das Gebiet gemeint, das sich als Bodenerhebung vom Rosenhof zur Marktkirche hinaufzieht. Hier ist der Clausberg zu suchen, der von zwei Senkungen flankiert wird, die sich – die eine in der Nähe des Großen Bruchs beginnend, die andere zwischen Adolf-Römer-Straße und Sorge hinabziehend – in der Gegend des Zipfels vereinigen.

Zupperdentenbrink

Mundartlich überlieferte Bezeichnung für den ansteigenden Straßenteil (allgemein auch Pastorenbrink) zwischen der Marktkirche in Clausthal und den ,,Pastorenhäusern". Verbindungsstraße von der Rollstraße zur Schulstraße.

Inhaltsübersicht

Erläuterung: (C) Ortsteil Clausthal, (Z) Ortsteil Zellerfeld, (B) Ortsteil Buntenbock, (A) Bezeichnungen im Außenbezirk. Fettgedruckte Seitenzahlen weisen auf Bilder im Text hin.

Adolf-Ey-Straße (C)	7
Adolf-Römer-Straße (C)	7
Agricolastraße (C)	7
Ahornweg (Z)	13
Altenauer Straße (C)	13
Ampferweg (Z)	13
Am Anger (C)	13
Amt Schleiwecke, die Kleine Harzeburg (Z)	13
An den Abtshöfen (Z)	13
In den Abtshöfen (Z)	13
Andreasberger Straße (C)	15
Apothekergasse (C)	15
Arnikaweg (Z)	15
Arnold-Sommerfeld-Straße (C)	15
Aulastraße (C)	17
Bäckerstraße (Z)	17
Baderstraße (C)	17
Bahnhofstraße (C)	17
Barrenscheengasse (C)	17
Bartelsstraße (C)	17
Bauhofstraße (C)	21
Bergfestplatz (C)	21
Bergstraße (Z)	21
Berliner Straße (C)	21
Bestelstraße (C)	21
Birckenbachstraße (C)	23
Birkenweg (Z)	23
Blaue Wasser (Z)	23
Bockswieser Höhe (Z)	23
Bohlweg (C)	23
Bornhardtstraße (Z)	23
Brandgasse (C)	25
Brauhausberg (Z)	25
Bremerhöhe (C)	25
Bremerstieg (C)	29
Breslauer Straße (C)	29
Am Brink (B)	29
Großer Bruch (C)	29
Kleiner Bruch (C)	29
An den Langen Brüchen (A)	29
Bruchbergweg (C)	32
Buntenböcker Straße (C)	32
Burgstätter Straße (C)	32
Büttnerstraße (C)	32
Carl-Peters-Straße (Z)	33
Claushof (C)	33
Clausthaler Straße (Z)	33
Dammhaus (A)	**33**
Am Dammgraben (C)	**33**
Daniel-Flach-Straße (Z)	**36**
Danziger Straße (C)	36
Am Dietrichsberg (C)	36
Dietrichsgasse (C)	36
Dorotheer Zechenhaus (A)	36
Dunemanngasse (C)	37
Ebereschenweg (Z)	37
Am Ehrenhain (C)	37
Einersberger Blick (C)	37
Erzstraße (C)	**37**
Eschenbacher Straße (C)	39
An den Eschenbacher Teichen (Z)	**39**
Eulenspiegler Mühle (Z)	**39**
Fenknergasse (C)	39
Ferienpark „Oberer Haus-Herzberger Teich" (C)	**39**
Fingerhutweg (Z)	39
Finkegasse (C)	42
Flambacher Mühle (A)	**42**
Fleischscharrenplatz (Z)	42
Am Forstamt (C)	42
Alte Fuhrherrenstraße (B)	**42**
Am Galgensberg (C)	**45**
Gänsemarkt (Z)	45
Glückauf-Weg (C)	45
Goldene-Stiefel-Gasse (C)	45
Goslarsche Straße (Z)	**45**
Gottesackerstraße (C)	47
Grabenstraße (Z)	47
Grabenweg (C)	47
Grauer Hof (C)	47
Graupenstraße (C)	**47**
Grüner Platz (C)	47
Am Haferberg (C)	47
Hahnebalzer Weg (C)	**49**
Hartlebenweg (C)	**49**
Hasenbacher Straße (C)	**49**
Hasenbacher Weg (B)	49
Haus-Herzberger Straße (C)	**49**
Heßgasse (C)	49
Hindenburgplatz (C)	51
Hinterm Zellbach (C)	51
Hippelgasse (C)	51
Hirschler Weg (C)	51
Hoher Weg (Z)	51
Hühnerbrink (C)	**51**

Hüttenstraße (A)	54	Unterer Weg (B)	73	Spital-Gasse (C)	99
Hüttenweg (C)	54	Oberdorf (B)	73	Spittelgasse (Z)	99
Im Innerstetal (A)	54	Unterdorf (B)	73	An den Spittelwiesen (C)	99
Insel (Z)	54	Mitteldorf (B)	73	Stettiner Straße (C)	99
Junkernfelder Weg (B)	55	Am Ostbahnhof (C)	74	Tannenhöhe (C)	101
Am Karlberg (Z)	55	Osteröder Straße (C)	74	Teichdamm (C)	101
Kindsfrauengasse (C)	55	Am Ottiliaeschacht (A)	76	Teichstraße (Z)	103
Kippweg (C)	55	Pastorenbrink (C)	76	Terrasse (Z)	103
Klein Frankreich (Z)	55	Paul-Ernst-Straße (C)	76	Thomas-Merten-Platz (Z)	103
Der Kleine Platz (C)	55	Pfarrgasse (C)	79	An der Tillyschanze (C)	103
Am Klepperberg (C)	57	Pfauenteiche (C)	79	Tollegasse (C)	103
Klosterhof (Z)	57	An der Pixhaier Mühle (B)	79	Treuerstraße (Z)	105
Knackstedtgasse (C)	57	Pixhaier Weg (B)	83	Treuerzipfel (Z)	105
Knorrgasse (C)	57	Polsterberg (A)	83	An der Trift (B)	107
Königsberger Straße (C)	57	Polstertal (A)	83	Am Turmhof (C)	107
Körbergasse (C)	57	Poststraße (C)	83	Uhde-Platz (C)	107
Kronenplatz (C)	57	Prachtgasse (C)	83	Villa Julia (A)	107
Am Kunstgraben (Z)	60	Prahljust (A)	85	Voigtslust (A)	107
Kurze Straße (C)	60	Pücklinggasse (C)	85	Vollbrechtgasse (C)	107
Kutschenweg (C)	60	Pulverweg (Z)	85	Am Waldseebad (C)	107
L'Aigler-Platz (C)	60	Reichenberger Straße (Z)	85	Waldweben (Z)	111
Leibnizstraße (C)	60	Ringer Zechenhaus (A)	85	Walther-Nernst-Straße (C)	111
Löbecker Straße (C)	61	Ringstraße (B)	87	Am Wasserturm (C)	111
Am Ludwiger Graben (C)	61	Robert-Koch-Straße (C)	87	Im Wiesengrunde (C)	111
Ludwig-Jahn-Straße (C)	62	Rohrmanngasse (C)	87	Windgaipeler-Halde (A)	111
Marie-Hedwig-Straße (C)	62	Am Rollberg (C)	87	Windmühlenstraße (C)	111
Marienburger Weg (C)	62	Rollplatz (C)	87	Zehntnerstraße (C)	115
Am Marienschacht (A)	62	Rollstraße (C)	87	Zellbach (C)	115
Am Markt (C)	63	Am Rosenhof (C)	89	Zellweg (Z)	117
Marktplatz (C)	63	Sachsenweg (C)	90	An der Ziegelhütte (B)	117
Marktplatz (Z)	63	Sägemüllerstraße (C)	90	Am Ziegenberg (B)	117
Marktstraße (Z)	63	Schalker Weg (Z)	91	Ziegengasse (Z)	117
Marktstraße (C)	63	Am Schlagbaum (C)	93	Zimmermannsweg (B)	118
Obere Marktstraße (Z)	67	Schorlergasse (C)	93	Zipfel (C)	118
Untere Marktstraße (Z)	67	Schornsteinfegergasse (C)	93	Zupperdentenbrink (C)	118
Märtengasse (C)	67	Steffensgrund (C)	93		
Mäverstraße (C)	67	Schuhmachbrink (Z)	93		
Mittelweg (B)	67	Schulenberger Straße (Z)	93		
Mönchstalweg (C)	67	Schulstraße (C)	93		
Moosholzweg (B)	69	Schützengasse (C)	93		
Wegesmühle (A)	69	Schützengasse (Z)	95		
Mittelmühle (A)	69	Schützenplatz (Z)	95		
Untermühle (A)	69	Schützenstraße (Z)	95		
Brinkmühle (A)	69	Schwarzenbacher Straße (C)	95		
Mühlenberg (A)	69	Seidels-Grund (Z)	95		
Mühlenstraße (C)	69	Seilerstraße (C)	95		
Neue Chaussee (Z)	71	Siebensternweg (Z)	95		
Neue Mühle (A)	71	Silbernaal (A)	97		
Neue Straße (C)	71	Am Silbersegen (C)	97		
Nietzelgasse (C)	71	Silberstraße (C)	97		
Im Oberfeld (B)	71	Am Sonnenhang (C)	97		
Obere Innerste (A)	73	Sonnenweg (Z)	97		
Untere Innerste (A)	73	Sorge (C)	97		
Oberer Weg (B)	73	Spiegelthaler Straße (Z)	99		

Anmerkung:
Der Bereich Abtshöfe / Eschenbacher Teiche gehört zwar entsprechend der früheren Grenzziehung zum Grubenhagenschen Gebiet und damit zur Gemarkung Clausthal, ist jedoch nach der Wahlbezirkseinteilung dem Stadtteil Zellerfeld zugeordnet worden.